Hugo Ball

FLAMETTI - Vom Dandysmus der Armen
(Autobiografischer Roman)

e-artnow 2018

Leseempfehlungen (als Print & e-Book von e-artnow erhältlich)

Jack London
Martin Eden

Jack London
König Alkohol

Fjodor Michailowitsch Dostojewski
Der Idiot

Karl Philipp Moritz
Fragmente aus dem Tagebuche eines Geistersehers

Stanislaw Przybyszewski
Erdensöhne

Franz Werfel
Verdi - Roman der Oper

Stanislaw Przybyszewski
In diesem Erdental der Tränen

Jakob Elias Poritzky
Meine Hölle

Hugo Ball
Hermann Hesse: Sein Leben und sein Werk (Roman)

Fjodor Michailowitsch Dostojewski
Der Spieler

Hugo Ball

FLAMETTI - Vom Dandysmus der Armen (Autobiografischer Roman)

e-artnow, 2018
Kontakt: info@e-artnow.org

ISBN 978-80-268-8638-9

Inhaltsverzeichnis

I	11
II	23
III	33
IV	42
V	63
VI	75

I

Flametti zog die Hosen an, spannte die Hosenträger und brachte durch mehrfaches Wippen der Beine die etwas straff ansitzende Hosennaht in die angängigste Lage. Er zündete sich eine Zigarette an, stülpte die Hemdärmel auf und trat aus dem Schlafgemach in das Gasfrühlicht seiner geheizten Stube.

»Kaffee!« befahl er mit etwas verschlafener, rauh gepolsterter Stimme.

Er strich sich die haarigen Arme und gähnte. Trat vor den Spiegelschrank, zog sich den Scheitel. Er bürstete Hosen und Stiefel ab, setzte sich dann auf das weinrote Plüschsofa und öffnete zögernd die Schieblade des vor dem Sofa stehenden Eßtisches.

Dort befanden sich seine Rechnungsbücher, seine verschiedenen Kassen, Quittungshefte und die brandroten Briefkuverte, die die Anschrift trugen »Flamettis Varieté-Ensemble«.

Er stellte die Gagen zusammen – es war der fünfzehnte – und fand, daß er zu zahlen habe:

dem Jodlerterzett (Vater, Mutter und Tochter), nach Abzug der à conti
Fr.
27.50
dem Kontorsionisten, nach Abzug der à conti
"
2.27
dem Damenimitator (keine à conti)
"
60.—
der Soubrette und dem Pianisten (zusammengenommen, sie lebten zusammen), nach Abzug der à conti
"
15.—
Zusammen
Fr.
104.77
Dagegen befanden sich in der Kasse:
für das Terzett (hier war Genauigkeit geboten, die Leute waren unruhig, aufsässig und Anarchisten)
Fr.
27.50
für den Kontorsionisten (dem gab er die Gage unter der Hand)
"
—.—
für den Damenimitator (bei schlechtem Geschäftsgang hatte Flametti für ihn nur jeweils die Hälfte der Gage allabends zurückgelegt)
"
30.—
für das Pianisten-Soubrettenpaar (strebsame, ruhige Leute, die Anspruch machten auf Solidität)
"
15.—
Flametti addierte
Fr.
72.50

Er zog die Summe von den Fr. 104.77 ab. Blieben 32.27, die aus der Haupt- und Betriebskasse noch nachzuzahlen waren.

Er öffnete auch diese Kasse und fand darin bar Fr. 41.81.

»Neun Franken vierundfünfzig Vermögen!« Er schloß die verschiedenen Kassen ab, schob die Schieblade zurück, schloß auch diese und steckte die Schlüssel zu sich.

Seine linke Augenbraue flog hoch, für einen Moment. Er tat einen kräftigen Zug aus der Zigarette und blies den Rauch aus der Lunge. »Lausige Zeiten!« brummte er. »Aber wird sich schon geben. Nur kalt Blut!«

Ein kleiner Schalter öffnete sich, der das Wohnzimmer mit der Küche verband, und ein übergroß langes, mürrisches Gesicht erschien in der Öffnung. Eine große, magere Hand schob ein Tablett mit Kaffee, Milch und Zucker durch die Öffnung. Dann ging auch die Türe und eine hörbar schnaubende ältere Frau erschien, mißmutig, verdrießlich, rußig, in schlappenden, grauen Pantoffeln, mit schmutzigem Rock von undefinierbarer Farbe und mit aufgestecktem Haar, das wie das Nest einer Rauchschwalbe aussah: Theres, die Wirtschafterin.

Sie schleppte sich zum Tisch, zog die Tischdecke weg und legte sie knurrend zusammen. Schlappte langsam und uninteressiert zum Schalter, nahm das Tablett und stellte es auf den Tisch.

Ohne ein Wort gesprochen zu haben, brummte sie wieder hinaus, die Tür lehnte sich hinter ihr an, und von draußen schloß sich der Schalter.

Flametti goß sich Kaffee ein. Er nahm den Hut vom Haken, legte die Joppe an, die über der Stuhllehne hing, holte aus einer Ecke sein Angelgerät, aus dem Büfett einige Blechdosen von unterschiedlicher Größe und war bereit.

Nein, die Ringe! Er drehte die Ringe von den geschwollenen Fingern, den Totenkopfring und den Ehering, legte sie in das Geheimfach im Schrank, schloß den Schrank ab, steckte den Schlüssel zu sich und ging. Auf der Postuhr schlug es halb sechs.

Er hatte ein kleines Stück Fluß gepachtet, inmitten der Stadt, nahe der Fleischerhalle. Dahin begab er sich.

Eine kurz angebundene Melodie vor sich hinpfeifend, den Kopf energisch gegen das Pflaster gesenkt, bog er aus der kleinen, verräucherten Gasse.

Im Automatenrestaurant nebenan fegte, gähnte und scheuerte man. Ein Polizist auf der anderen Straßenseite, nahe beim übernächtig nach Salmiak duftenden Urinoir, sah ziemlich gelangweilt, die Frühluft schnuppernd, über das Kaigeländer ins Wasser.

»Salü!« grüßte Flametti, knapp und geschäftig an ihm vorüberstapfend, mit dem guten Gewissen des Bürgers, der seinen Angelschein wohl in der Tasche trägt und die Obrigkeit, ihre unteren Chargen insonders, nicht zu umgehen braucht. »Salü!« rief er und fuhr mit der Hand gradaus vom Hutrand weg in die Luft.

Der Polizist brummte etwas zur Antwort, das etwa »Guten Morgen« heißen sollte. Der Gruß war aber nicht eben freundlich. Auch nicht unfreundlich. Vielmehr: verschlafen beherrscht. Man kann nicht leugnen, daß sogar Sympathie darin lag, jedoch in wohldosierter Mischung mit einer Art Mißtrauen, das auf der Hut ist. Die Gasse, aus der Flametti kam, stand nicht eben im besten ortspolizeilichen Ruf.

Der Morgen indessen war viel zu verheißend, als daß Flametti sich hätte die Laune verderben lassen. An der Fleischerhalle vorbei, die Kaitreppe hinunter, begab er sich, guter Beute gewiß, an den Steg.

Er prüfte die Angelschnur, machte den Köder zurecht, klappte den Rockkragen hoch – es war frisch – und blies sich die Hände.

Gleich der erste Fang war ein riesiger Barsch. Der Fisch flirrte und glänzte, flutschte und klatschte.

Das Wetter war grau. Blaugrauer Nebel blähte die Türme am Wasser, die Schifflände mit ihren grünweiß gestrichenen, sechsstöckigen Häusern, den rasch vorüberstrudelnden Fluß und die jenseits hoch über die Häuser hängenden Stadtgartensträucher.

Flametti löste die Angel, ließ den Fisch in das Netz hineinschnellen, brachte den Köder in Ordnung und warf die Angel zum zweitenmal aus.

Er sah sich um nach dem Polizisten. Der war verschwunden.

»Überflüssiges Element!« brummte er, zupfte am Köder, um die Aufmerksamkeit der Fische zu erregen, machte die rechte Hand frei und schneuzte sich kräftig in ein derbes, rotbedrucktes Taschentuch. »Geschmeiß! Größere Faulenzer gibt es nicht!«

Auf der Straße ließ sich ein drohendes Brummen und Surren vernehmen, das ratternd und knatternd näherkam: ein frühester Autowagen der »Waschanstalt A.-G.«. Das Vehikel puffte, böllerte, walzte vorüber. Der ganze Kai vibrierte. Ein Ruck an der Angel: ein zweites Tier hatte angebissen. Diesmal ein Rotauge.

»Gut so«, zwinkerte Flametti, »darf so weitergehen!«

Fabrikarbeiter kamen vorüber. Sie marschierten zur Bahn.

»Hoi«, riefen sie hinunter, »gibt's aus?«

»Salü!« drehte sich Flametti um. Sie gestikulierten in Eile vor sich hin und verschwanden.

Das Wasser floß graugrün und undurchsichtig. Die Möwen strichen sehr niedrig und zischten über die Brücken hinweg. An der Häuserfront der Schifflände öffnete sich ein Fenster, und eine junge Frau sah nach dem Wetter. »Salü!« rief Flametti hinüber.

Sie lachte und schloß das Fenster.

Ein Kind schrie, und eine Turmuhr schlug. Die Glocken einer katholischen Kirche läuteten. Auch in der Fleischerhalle regte es sich. Auf der Gemüsebrücke fuhren die Händler Obst und Kartoffeln an.

Der dritte Fang war ein armslanger Aal. An der Grundangel kam er nach oben. Schwarz wie der Schlamm und die Planken, aus denen er kam, trug er deutliche Spuren von Rattenbiß.

Auf den Kaiquadern schlug ihn Flametti zu Schanden.

Schulkinder und ein von entmutigendem Beruf heimkehrendes Fräulein, die sich oben am Geländer versammelt hatten, schrien laut auf vor Entsetzen. Das Fräulein lächelte.

»Servus, Margot!« rief Flametti hinauf aus der Kniebeuge, eifrigst mit seinen Geräten beschäftigt.

Sie lachte und hielt die ringbesäte Hand in Verlegenheit vor ihre schlechten Zähne. Die Kinder sahen sie neugierig an und musterten ihren bunten Aufputz.

Übers Geländer gebeugt, ließ sie ihr Täschchen schaukeln, die Hand am Munde, und rief, auf den heftig sich krümmenden Fisch hinzeigend:

»Noch so einen, für mich!«

»Was zahlst du?« wischte Flametti sich die Hände ab, um weiterzufischen.

»Zahlen?« rief sie und schaute dabei unternehmend nach allen Seiten, »erst heraus damit!«; was der Dienstmann im blauen Leinenkittel, der sich inzwischen mit seinem Karren an der Ecke der Fleischerhalle versammelt hatte, als den besten Witz des bisherigen Morgens verständnisinnig zur Kenntnis nahm und lächelnd quittierte.

Flametti hatte Glück. Als die Uhr acht schlug, nahm er seine Büchsen, Angeln und Netze und begab sich nach Hause. Auf zehn Kilo schätzte er, was er gefangen hatte. Damit ließ sich leben.

Er stellte das Angelgerät an seinen Platz zurück, ging in die Küche und suchte der Wirtschafterin aus dem Netz die Rotaugen heraus für den Mittagstisch. Nahm dann mit einem kräftigen Ruck seine Last wieder auf und stapfte davon.

Schnurstracks begab er sich ins HOTEL BEAU RIVAGE, wo er bekannt war, verlangte den Küchenmeister zu sprechen und bot ihm die Fische an.

»Schau her«, sagte er, »hast du so einen Aal gesehen?« Er packte den schleimigen Aal, der sich zu unterst ins Netz verkrochen hatte, und ließ das Tier, das sich heftig sträubte und ringelte, durch die geschlossene Faust in das Netz zurückgleiten.

»Schau den Barsch!« sagte er und jonglierte den fettesten Barsch auf der flachen Hand. Dann wischte er sich mit dem Taschentuch seine Finger ab.

Man wurde handelseinig. Der Küchenmeister stellte einen Schein aus, und Flametti nahm bei der Büfettdame dreißig Franken in Empfang. Er hatte das leere Netz zusammengerollt, dankte verbindlichst und machte sich auf den Heimweg.

Das Wetter hatte sich aufgeklärt. Die herbstgelben Bäume der Seepromenade hoben sich scharf und klar gegen den hellblauen Himmel ab. Die Möwen strichen mit schwerem Flügelschlag langsam und mächtig den Fluß entlang, ballten sich kreischend zu einem wirren Schwarm und kreisten in schönem Bogen, eine leis auf die andre folgend, vor einem Spaziergänger, der ihnen Brösel zuwarf. Mit langen Schnäbeln haschten sie geschickt im Flug.

Flametti war bester Laune. Er schwenkte in eines der kleinen, am Kai liegenden Zigarrengeschäfte und erstand sich eine frische Schachtel ›Philos grün‹.

Mit Gentlemanpose warf er ein Fünffrankenstück auf den Ladentisch. Er schob das Wechselgeld in die Hosentasche, ohne viel nachzuzählen, klimperte, fuhr mit der Hand an den Hut, sagte »Salü!« und marschierte weiter. »Salü, Fritz!« rief er, die Hand am Hut, einem Bekannten zu, der aus einer kleinen Seitengasse bog.

»Was kosten die Kressen?« fragte er im Vorbeigehen einen Gemüsehändler unter den Arkaden.

Und vor dem Fenster eines Bazars blieb er stehen, musterte mit Kennerblick die ausgestellten orientalischen Waren, ging hinein und erstand einen hellblauen Tschibuk mit Goldschnur, der ihm für seine Ausstattungsnummer ›Im Harem‹ fehlte zum Sultanskostüm.

Er war sehr zufrieden mit seinem Kauf, stapfte den Kai entlang und begegnete Engel, dem Ausbrecherkönig, Engel, seiner Kreatur, die vor kurzem noch Monteur gewesen, dann zum Varieté übergegangen war.

»Salü Max!« grüßte Engel familiär, doch in respektvoller Distanz. »Auch schon munter?«

Max machte Halt, ein wenig degoutiert, seinen Lieblingsgruß aus fremdem Mund zu vernehmen. Ziemlich nachlässig und nebenhin sagte er »Salü!«, nahm die Zigarette aus dem Mund und kniff das rechte Auge zu.

»Das war ein Gaudi heut nacht!« legte Engel los, »hättest dabei sein müssen! Der Pips war mit und die Margot und die lange Mary und eine ganze Gesellschaft aus Chaux-de-Fonds. Unten bei Mutter Dudlinger. Fünf Schampusflaschen haben wir die Hälse gebrochen. Und ein Lärm! Da war Pinke-Pinke!«

Mit sportsmännischer Nachlässigkeit hielt er den Arm lang ausgestreckt und tippte die Zigarettenasche gegen die Gosse.

Max war sehr uninteressiert. Die Abenteuer seines schmächtigen, für Zusteckereien allzu empfänglichen Ausbrecherkönigs imponierten ihm nicht.

»Komm mit!« sagte er unvermittelt und packte den Ausbrecherkönig beim Arm, »trinken wir im ›Ochsen‹ 'ne Halbe!«

Und sie schwenkten hinüber über die Gemüsebrücke zum ›Roten Ochsen‹.

»Du, Max«, meinte Engel und versuchte, mit dem mächtig ausschreitenden Flametti gleichen Schritt zu halten, »sag' mal aufrichtig: Hast du der Margot einen Aal versprochen? Sie sagt's nämlich.«

Flametti blieb stehen. »Jawohl, ich, einen Aal, der Margot! Hab' die Aale grad zum Verschenken! So seh' ich aus!«

»Na, also!« beschwichtigte Engel. »Weißt du, Margot ist man 'n verrücktes Frauenzimmer. Hab's ja gleich gesagt.« Der Ochsenwirt war nicht zu Hause. Eigentlich war man hingegangen, um ein Geschäft auszumachen. Man nahm einige Glas Münchner, standesgemäß, Flametti zahlte, Engel nahm die Hüte vom Haken. Dann ging man zum Essen.

Mutter Dudlinger, die Dame, bei der sich Herr Engel mit der Gesellschaft aus Chaux-de-Fonds ein so lustiges und vornehmes Rendez-vous gegeben hatte, Eigentümerin des Hauses, in dem auch Flametti wohnte, lag ihrer Gewohnheit gemäß unterm Fenster, als die beiden Männer in die kleine Gasse bogen.

Sie sonnte den Busen und lächelte ihnen mit einem wohlwollenden Nicken des Kopfes Willkomm zu.

Dieser Busen! Er nahm die ganze Breite des Fensters ein und drängte dabei den wahrlich ungraziösen, fast könnte man sagen plumpen Körper zurück, der auch seinerseits aus dem grauen, schmuggeligen Hause heraus nach Licht und Sonne begehrte.

14

Diese Brüste! Sie blähten sich auf, quollen über, und nur mit Mühe hielt sie der speckige Rand der schwarzen, zusammengehafteten Kammgarnbluse zurück, sich über die Fensterbank auf das holprige Pflaster zu stürzen. Die Sonnenstrahlen vom Giebel des Automatenrestaurants kamen der Bluse zu Hilfe. Steil stellten sie sich – es war Mittag – gegen besagte Fleischesfülle.

Mutter Dudlinger allein schien nichts zu bemerken vom Widerstreit ihrer Massen im Kampf ums Licht. Harmlos und freundlich lag ihre Seele gewissermaßen zwischen Busen und Körper mitten inne und schaute, umhegt von sanft hängendem Speck, aus listigen Äuglein gutmütig heraus.

Flametti grüßte hinauf, den Kopf stark in den Nacken gebeugt. Die Gasse war eng. Und Herr Engel ebenfalls grüßte hinauf, rief wie Flametti »Salü!« und griff an den Hut.

Mutter Dudlinger streckte den Kopf aus dem Fenster, schluckte den Speiserest, der sich vom Mittagessen unversehens noch irgendwo zwischen den Speicheldrüsen gefunden hatte, und verfolgte voll Sympathie den Eintritt der stattlichen Männer in ihr gastfreies Haus. Sie bemerkte dabei zu ihrer Verwunderung heute zum ersten Mal, daß unter dem Fenstersims eine ganze Anzahl höchst niedlicher Schmutzfähnchen flatterten, die sich aus langen, auf das Gesims gefallenen Regentropfen gebildet hatten und über die Hausfront hinunterwehten.

Die Männer stiegen indessen die steile Treppe hinauf, und Engel befand sich, immer hinter Flametti stapfend, von Stufe zu Stufe mit kindlicheren Gefühlen den rückwärtigen Massen seiner mütterlichen Protektorin gegenüber, die mit gelüpftem Posterieur noch immer die Regenfähnchen der Hausfront bestaunte.

Es war eminent! Ein lächerlich kleiner Erker war der Unterbau dieser ganzen bedenklichen Last, die man Mutter Dudlinger nannte. Unterbau einer Fülle, von der man sich von der Straße aus nicht einmal einen Begriff machen konnte.

Ein Wunder, daß dieser Erker im nächsten Moment nicht krachend zusammenbrach und samt der guten Mutter Dudlinger in eine mysteriöse Tiefe hinunterstürzte. Erstaunlich, wenn man's bei Tag besah, daß man in diesem Erker sogar zu dreien sitzen konnte! Und Engel hatte mit Mutter Dudlinger und Mary zu dreien darin gesessen. Man hatte gesprochen vom Krieg, vom Konzert, von den schlechten Zeiten; im Zimmer nebenan hatten die Sektpfropfen geknallt, und Mary hatte gegähnt, weil ihr Kavalier aus Chaux-de-Fonds eine Anspielung machte auf ihre Gesundheit. Da hatte sie sich natürlich zurückgezogen und spielte die Beleidigte. Und Mutter Dudlinger hatte die Blätter der künstlichen Rebe zurechtgebogen und eingesprochen auf Mary. Aber es half nichts. Sie war beleidigt.

Als Flametti und Engel oben in die Stube traten, stand die Suppe bereits auf dem Tisch. Um den Tisch saßen: Herr und Frau Häsli nebst Tochter, das Jodlerterzett; Herr Arista, der Damenimitator; Fräulein Laura, die Soubrette, und Herr Meyer, der Pianist; Bobby, der Schlangenmensch, und das Lehrmädchen Rosa. Sämtlich mit Löffeln und Schlucken beschäftigt.

Herr Häsli hatte die Serviette vorgebunden, damit er sein gutes Hemd nicht beflecke. Bobby schlarpste. Jennymama, Flamettis Frau, saß malerisch auf der Sofakante bei der Schlafzimmertür, rosig wie eine Venus, im lachsfarbenen Schlafrock, den sie mit der rechten Hand sorgsam über die Hüften geschlossen hielt. Das offene Haar, mit Wasserstoffsuperoxyd gebeizt, war flüchtig zurückgestrichen. Die Suppenschüssel dampfte. Und der Pianist benutzte den günstigen Augenblick, um sich zum dritten Mal Suppe zu schöpfen.

»Mahlzeit!« sagte Flametti breit.

»Mahlzeit!« erwiderten sämtliche Mitglieder des Ensembles. Flametti hängte seinen Hut an die Tür und begab sich, um den Tisch herum, an seinen frei gebliebenen Platz auf dem Sofa.

Fräulein Rosa stand sogleich auf und griff nach der Terrine, um Suppe nachzufüllen. Fräulein Theres, die Wirtschafterin, kam herein, um nach den Bedürfnissen zu sehen. Durch den offenstehenden Bretterverschlag aus dem Nebenzimmer grüßte das Krukru der kichernden Turteltauben, die Flametti für seine Zauberkunststücke pflegte.

»Setz dich, Engel!« rief Flametti gütig dem zögernden Ausbrecherkönig zu, der nicht zum Ensemble gehörte, aber darin nach Bedarf gastierte und für tausend wichtige Bühnenzwecke bestens verwendbar war.

15

»Merci, Max! Laß nur! Ich finde schon Platz!« Er nahm den Stuhl, den Rosa ihm aus dem Verschlag herbeiholte, und setzte sich zu dem Schlangenmenschen. Die beiden mußten sich so in das obere Tischende teilen; aber sie kamen zurecht miteinander, sie waren ja Freunde. Schwieriger gestaltete sich die Platzfrage an der Längsseite des Tisches, wo der Damenimitator, das Jodlerterzett und die Soubrette saßen.

Fräulein Laura und Herr Arista waren verträglich. Sie fanden sich ab. Ganz unverträglich aber und bissig, sowohl untereinander wie den anderen gegenüber, waren die Jodler, die Mutter insonders. Frau Lotte Häsli spie Gift und Galle, wenn man nur an sie tippte.

Nun saßen die drei eng aneinandergedrückt. Kaum konnten sie mit den Gabeln auslangen, um einen Fisch zu spießen. Kaum mit den Ellbogen hervorkommen, um eine Platte zu greifen.

Frau Häsli auf dem Mittelplatz, zwischen Herrn Häsli und seiner Tochter, warf wütende Blicke voller Verachtung und Hohn auf den Gatten, der lammfromm dasaß und mit hochgezogenen Augenbrauen den Mund vollstopfte, statt sich zu beschweren. Sie fletschte die Zähne und trat ihm wohl fünfmal hintereinander in einem bestimmten, bösartigen Rhythmus auf den Fuß.

Die Tochter, herausgefordert durch solche forcierte Unverträglichkeit der Mutter, puffte ihr mit dem linken Arm in die rechte Seite, anscheinlich, um sie auf die Blamage aufmerksam zu machen, in Wahrheit aber mit solch erbittertem Nachdruck, daß jeder Unbefangene merken mußte, sie nütze nur die Gelegenheit aus, ihr eins zu versetzen.

Der Pianist, dem Ausbrecherkönig gegenüber, schmunzelte in seinen Teller hinein und erwiderte sehr belustigt die Zeichen des mit dem Kopf andeutenden Schlangenmenschen, der seinerseits mit Messer und Gabel den Fisch zerhackte, daß sich die Gräten bogen.

Frau Häsli wurde aufmerksam und war rot vor Wut. Doch beherrschte sie sich, drängte den Ärger zurück und rief mit unglaublich gesüßter, doch etwas gewaltsam flott gemachter Zutraulichkeit:

»Na, Herr Direktor, wie geht's, wie steht's? Geld brauchen wir. Können wir dann auch die Gage kriegen?«

Herr Häsli war konsterniert. Eben wollte er eine neue Fracht Fisch auf der Gabel zum Munde führen und hatte schon auf dem Messerrücken den Kartoffelsalat bereit, um ihn zum selben Zweck auf die Gabel zu wälzen. Da mußte er dieses unglaublich taktlose Wort vernehmen, jetzt bei Tisch, wo man aß, wo Flametti gerade gekommen war und kaum saß.

Die schon erhobene Gabel senkte sich auf den Teller zurück. Herrn Häslis straffes Gesicht bekam Käsefarbe. Die Augen, eben noch versöhnlich und ungestört an der spitzen Nase vorbei auf das Messer gerichtet, schnellten mit einem hörbaren Ruck nach rechts gegen die biestige Ehehälfte, und es hätte nicht viel gefehlt, so wäre er aufgesprungen, ihr eine Watsche herunterzuhauen.

Aber dabei hätten Stühle umfallen müssen, weil man so eingekeilt saß. Dabei wäre notwendig das Tischtuch heruntergezerrt worden. Also beherrschte er sich und blieb, zitternd vor Empörung, in drohendster Pose erstarrt, still sitzen.

Das war doch die Höhe! Herr Häsli kannte Flametti seit Jahren. Wußte, daß er die Gagen nie schuldig blieb. Wußte, daß die Verlegenheit, in der sich Flametti befand, nur momentan war und nichts besagte. Wußte auch, daß die vielen Fischgerichte, die Flametti da auftischen ließ, nur seinen guten Willen verrieten, durchzuhalten um jeden Preis. Da soll einem nun die Geduld nicht reißen, wenn solch obstinates Weibsstück in ihrer spitzigen Kribbeligkeit keine Raison annahm! Man hat doch Erziehung! Man ist doch kein Schubiack! Man hat doch, zum Teufel, die Welt gesehen!

Herr Häsli hatte indessen gut denken! Er war ein Faulenzer, ein Nichtstuer, er hatte sich immer nur den Magen gestopft und die Frau schuften lassen. Beim Norddeutschen Lloyd war er Steward gewesen. In unterschiedliche Phonographen hatte er gejodelt zu Berlin und Paris. War auch mal II. Klasse gefahren, von Potsdam nach Wien, eines Phonogramms wegen. Aber was schon! Das war vor Jahren, als er die Stimme noch hatte. Das war vorbei. Jetzt hatte sie, Lotte Häsli, ihn durchzuschleppen. Wie ein Lastvieh kuranzte er sie. Immer singen und singen. Bei zwanzig Grad Kälte in den eiskalten, verschmierten, kleinen HOTELS. Tagaus, tagein. In

Bern: dreißig Nummern an einem Sonntag, von nachmittags drei bis nachts elf. Sie hatte es durchgemacht. Sie hatte genug. Sie kannte die Herren Direktoren. Aus war's. Sie wollte nichts mehr wissen davon. Wenn einer ihr nur in die Nähe kam – genügte schon, daß er ein Mannskerl war – fuchtig wurde sie. Die Hand weg!

Wenn man nicht einmal ordentlich zu essen kriegen sollte bei solchem Betrieb, ja geschuriegelt wurde – immer nur singen und singen und etwa noch Schläge – lieber den Strick um den Hals!

Frau Häsli hatte zu essen nicht nachgelassen. Mit Messer und Gabel hantierte sie eifrig. Zwei schwarze Löckchen fielen ihr zier und adrett, schwarze Bockshörner, leicht in die Stirn. Diese Stirn, eigensinnig, gedrungen, von einer kurzen, nur schlecht verheilten Narbe gezeichnet, war nicht eben häßlich.

»Mach' mal 'n bißchen Platz!« rief sie der Tochter zu, um deren Fuß sich unter dem Tisch der Damenimitator lebhaft und dringend bewarb.

Frau Häsli gelang es, durch Aufwärtsschieben der Ellbogen ihrem Brustkorb etwas mehr Luft zu verschaffen. Toni, die Tochter aber, kam sich ganz persönlich verletzt und gepiesackt vor.

Was konnte sie dafür, daß dieser verfettete Damenimitator so aufdringlich war! Sie hatte ihm ihren Fuß überlassen, weil sie sich doch vergewissern mußte, ob er auch wirklich angelte. In diesem Moment war ihr das häßliche »Mach' mal 'n bißchen Platz!« ans Ohr gedrungen. Überhaupt: mit dem Damenimitator hatte sie nichts, wenn er auch Lackschuhe trug und einen gebügelten, kaffeebraunen Anzug. Wer weiß, ob er überhaupt bei einer Jungfrau schlafen konnte. Es war eine bekannte Sache, daß es Damenimitatoren an so manchem fehlte, was eine Toni Häsli reizen konnte.

Sie schob ihren Stuhl zurück, stand auf und sagte ziemlich schnippisch: »Ich kann ja auch in der Küche essen, wenn hier zu wenig Platz ist!«

Die Mutter hatte sich aber bereits zurechtgefunden, das Rotauge, auf das sie es abgesehen hatte, aufgespießt und auf den Teller herübergefördert. Mit einem hörbaren Plumps ließ sie sich auf den Stuhl zurückfallen und sagte verwundert:

»Was willst du denn? Was paßt dir denn nicht? Kannst du dich nicht ein bißchen schicken? Wenn der Platz knapp ist? Sei froh, daß du so gutes Essen bekommst. Schau mal diese Forelle an« – dabei zerrte sie den Fisch mit der Gabel auf ihrem Teller hin und her – »so was Feines verdienst du gar nicht! Dankbar solltest du sein, daß man dich durchschleppt.«

Herr Häsli saß noch immer erstarrt in furchtbarer Pose, eine knödelessende Schießbudenfigur. Von der Mutter weg wandte er seine Augen zur Tochter. Ohne viel Erfolg. Toni setzte sich zwar wieder hin, konnte sich aber nicht verkneifen, die Mutter darauf aufmerksam zu machen: »Es sind ja gar keine Forellen. Es sind ja Rotaugen.«

»Na«, beschwichtigte Jenny, »sie ist ja noch jung. Versöhnt euch! Morgen gibt's Paprikabraten mit Spaghetti und Tomatensauce. Kinder! Ein feiner Fraß!« Und sie hob den Zeigefinger hoch und ließ einige fettgurgelnde, selige Laute hören.

Flametti hatte das Hemdbördchen geöffnet, um es bequemer zu haben. Mit den Oberarmen den Tisch festhaltend, lag er vor seinem Teller, den Kopf hart über dem Tellerrand, und schlarpste gierig die Suppe.

Das Plüschsofa hatte sich unter seinem Druck gesenkt mit einem Knacken der Federn, das wie ein Magenknurren Flamettis fortdröhnte. Als er nun die baumwollenen Hemdärmel aufkrempelte, konnte man so recht sehen, was für ein Riese er war.

Die Muskeln der Oberarme stiegen in einer steilen Schwellung zum Schulterblatt. Teller, Arme und Kopf bildeten ein einziges, muskulöses Dreieck. Blutunterlaufen, vom Sitzen, schwollen seine Augen.

Ganz allein hielt er das Sofa und von dort aus den Tisch in Schach. Er sprach nicht viel. Für die Worte der Häsli wegen der Gage hatte er nur ein kurzes, brummiges »Ja, ja. Sowie das Essen vorbei ist«. Was ihn ein wenig wurmte, war die Aufdringlichkeit dieser Person, die immer etwas zu bestellen hatte, immer Stank mitbrachte.

Als Herr Häsli dann jene Schießbudenpose an nahm, konnte Flametti sogar ein heimliches Gaudium nicht verbergen.

Er senkte den Kopf noch tiefer und blies die Backen auf, um nicht loszuprusten.

Ihm machte es einen Heidenspaß, wenn das Ehepaar sich »anblies«. Eine bösartige Rippe, diese Alte. Der kleine Häsli ein Schlappier, daß er sich das so gefallen ließ. Aber ihr Gesang: alle Hochachtung! Das mußte man ihnen lassen. Was Exaktheit, Klangfarbe und Schulung betraf: weit und breit keine Besseren.

Flametti war mit der Suppe fertig. Ein einziger Fisch lag noch auf der Platte, und Engel holte weit aus, um ihn an sich zu bringen.

Rosa beeilte sich, aufzufüllen. Jenny, gesättigt, nahm ihr offenes Haar aus dem Nacken und flocht es zusammen.

»Na, kommt das Zeugs bald?« rief Flametti zum Schalter, legte mit breiter Oberlippe den Eßlöffel trocken, drehte ihn um und leckte auch die Kehrseite gründlich ab.

Bobby zerriß ein Stück Brot und stopfte es in den Mund. Die Häslis standen auf, sagten »Mahlzeit!«, gingen aber noch nicht, denn es sollte ja Gage geben.

Auch der Pianist und die Soubrette standen jetzt auf. Der Damenimitator, aus Höflichkeit, blieb noch sitzen.

»Mahlzeit!« rief Flametti. Aber für ihn begann die Sache jetzt erst. Und auch Herr Engel wurde loyal, faßte Mut, und sie stocherten um die Wette nach den pauvren Fischleins.

Engeln drohte dabei die Hose zu rutschen. Aber er hielt sie fest mit der linken Hand und rief zu Flametti hinüber:

»Max, weißt du noch: ›Bratwurstglöckli‹?«

Dort muß vor Zeiten eine ungeheure Fresserei stattgefunden haben. Denn die beiden lachten einander an, verständnisinnig, und verdoppelten ihre Anstrengungen.

Flamettis Varieté-Ensemble hatte einen Ruf und war beliebt. ›Bestrenommiert‹ stand auf den Plakaten. Und durch ›bestes Renommé‹, von dem nur die Neider behaupteten, es rühre von Flamettis Renommage her, unterschied sich das Ensemble von der Konkurrenz.

Ferreros ›Damen-Gesangs- und Possen-Ensemble‹ war ›geschätzt‹, ›glänzendst‹, ›weltbekannt‹. Aber beliebt? Nein. Bestrenommiert? Nein. Es war ›vornehmst‹, infolge der vereinten Eleganz und Reserviertheit seiner Damen. Auch Pfäffers ›Spatzen‹ konnten da nicht mit. Sie hatten weder jene geheimnisvolle Anziehungskraft, die Flamettis Ensemble eigen war, noch jene gewisse Eigenart und Popularität.

Pfäffers ›Spatzen‹ waren, wenn man ihren Wert auf einen Nenner bringen wollte, ›altbewährt‹, ›solid‹, ›reichhaltig‹, ›anerkannt‹. Ihre Force: ›dezentes Familienprogramm‹, mit ausgeschnittenen Kleidern und Broschen, die, wie Flametti höhnte, am Bauchnabel saßen.

Nein! Auch von ihnen ging jene Wirkung nicht aus, die Wärme und Begeisterung verbreitete, Einladungen zu Bier, Wein und Sekt mit sich brachte; Wagenpartien, Abenteuer und Schicksale im Gefolge hatte.

Worin lag die geheimnisvolle Anziehungskraft der Flamettis?

Darüber zerbrach sich mancher den Kopf. Flametti zahlte weder die besten Gagen, hatte infolgedessen auch nicht die ersten Kräfte, wie Ferrero. Noch hatte er die besten Schlager, wie ebenfalls Ferrero, der Jude war, raffiniert, geschickt, tüchtig, und der infolge seiner ›Vornehmheit‹ die besten Verbindungen hatte. Noch waren Flamettis Nummern mit soviel Fleiß, Sorgfalt und Interesse herausgebracht wie etwa die Gesangs-Ensembles von Pfäffers ›Spatzen‹. Auch deren farbenprächtige, teure Matrosen-, Schornsteinfeger- und Mausfallenhändler-Kostüme hatte er nicht, die Fabrikware waren und Gesprächsthema weit und breit.

Worin also bestand Flamettis Überlegenheit?

Er war ein Kerl sozusagen, ganz persönlich. Artist von reinstem Wasser. Er hatte ein Auge, verstand, seine Leute sich auszusuchen. Er war: eine Persönlichkeit gewissermaßen. Kein Ferrero, der früher mit Lumpen gehandelt hatte. Kein Pfäffer, der seinen Weibern zurief: »Kinder, macht's euch bequem!« und dann im Hemd mit ihnen den ›Kleinen Kohn‹ einstudierte.

Fleiß? Verachtete er. Der echte Artist schläft morgens bis gegen elf. Wenn man bis in die Nacht hinein gearbeitet hat, oft die schwierigsten Nummern, kann man nicht in aller Herrgottsfrühe wieder auf den Beinen sein.

Proben? Jawohl! Aber mit Maß und Ziel. Es hat keinen Sinn, den Leuten die Lust an der Arbeit zu nehmen, sie tot zu hetzen mit Proben. Auf die Eingebung kommt es an. Nicht auf den Drill. Wer es nicht in den Fingerspitzen hat, der wird es auch auf der zwanzigsten Probe nicht haben. Man ist doch nicht beim Kommiß! Artisten sind keine Studiermaschinen. Und wenn schon Proben, dann nicht zuviel Pünktlichkeit. Pünktlichkeit soll der Teufel holen. Es muß aus dem Handgelenk kommen, spontan.

Flamettis Proben waren unberechenbar. Wenn eine angesetzt war, fand sie sicher nicht statt. Wenn eine stattfand, war sie sicher nicht angesetzt. Das Ganze blieb mehr der Inspiration, dem persönlichen Einfall und Zufall belassen.

Extempores? Prachtvoll! Er selbst war ein Extempore von Kopf bis zu Fuß. Vielseitig, unberechenbar, auch in seinem Repertoire. Nur kein festes Programm! Nichts langweiliger als das. Bei Ferrero hing das Programm jeden Abend punkt acht beim Kapellmeister am Klavier. Bei Flametti gab's überhaupt keines. Oft wußte er fünf Minuten vor seinem Auftritt noch nicht, solle er den ›Mann mit der Riesenschnauze‹ bringen oder die ›Feuernummer‹. Sprudeln muß man: das war sein oberster Grundsatz.

Auch bei Engagements: Flametti hatte das renommierteste Ensemble. Und doch keineswegs die renommiertesten Kräfte. Im Gegenteil: darin gerade bestand sein Genie, daß er verstand, Kräfte zu entdecken, zu finden, ja aus dem Nichts zu stampfen.

Flamettis Personal war: interessant. Er hatte eine Nase für natürliche Begabung. Auf Agenten, Kritiken und Renommage gab er nichts. Selber sehen! Kerle brauchte er, Personnagen. Talent kam in zweiter Linie. Mochte das Talent einen Knacks haben, die Stimme einen Knacks, die Figur einen Knacks. Wenn nur der Kerl, der dahinterstand, etwas zu sagen hatte.

Flametti hatte einen Blick für die gebrochene Linie. Einen Blick für jenen Moment, in dem etwa eine Kabarettistin reif wurde fürs Varieté. Da setzte er ein. Da bemühte er sich. Da lief er.

Und immer: das menschliche Interesse an seinem Mitglied stand im Vordergrund. Herr oder Dame: ihn interessierte zumeist, was sie erlebt und gesehen hatten. Gute Manieren. Kein Engagement ohne tagelange vorherige Beobachtung. Schicksale muß jemand gehabt haben, um interessant zu sein für Flamettis Ensemble. Schicksal brachte Vielseitigkeit mit sich, Überraschungen, Anlagen, Geist. Seine Mitglieder mußten sich bewegen können. Welt mußten sie haben. Versiert mußten sie sein. Vornehmheit war nicht seine Sache. Dahinter steckte nicht viel. Deklassierte Menschen, gerempelte Personnagen sind die geborenen Artisten. Im Druck muß man gewesen sein, um Artist zu werden.

Unter fünfzig Mädels, die auf der Straße das Täschchen schwenkten, waren zwanzig Soubretten. Es kam nur darauf an, sie davon zu überzeugen. Unter fünfzig Apachen, die keiner beachtete, zwanzig Ausbrecherkönige, Zauberkünstler, Jongleure. Es kam nur darauf an, sie zu finden und durchzusetzen. Und gerade darin bestand Flamettis Genie, seine Popularität, seine Magie.

In seinem Ensemble wurden Sprachen gesprochen: englisch, französisch, dänisch, sogar malayisch. Man hatte die Welt gesehen. Man hatte sich redlich bemüht und kannte das Leben.

Gefängnis, Skandal, Freudenhaus, Fahnenflucht waren kein Einwand. Artisten kommen aus einer anderen Welt. Sind keine Bürger. Aus Unterdrückung werden Artisten. Wo keine Defekte sind, sind keine Menschen. Buntheit, Zauber, Exotik: nur aus Verzweiflung.

Dementsprechend war auch Flamettis Verhältnis zu seinen Artisten. Kameradschaft, nicht Abhängigkeit. Freiheit, nicht Zwang. Vertrauen, keine Verträge. Gage muß sein: sowieso. Aber was nützte der beste Vertrag, wenn der Direktor einmal nicht zahlen konnte?

Hier setzte Flamettis Verläßlichkeit ein. Er war dann imstande, mit Angeln sein ganzes Ensemble zu halten. Ein anderer Direktor stellte die Zahlungen ein.

Bei Flametti konnte man aus- und eingehen, auch wenn man nicht mehr auf seinen Brettern stand. Bei welch anderem Direktor noch? Was Flametti besaß, gehörte auch seinem Ensemble.

Es war nicht sein Ehrgeiz, Geld zu machen, Bankkonto und dergleichen. Sein Ehrgeiz war, eine Truppe zu haben.

Kostüme? Machte man selbst. Nummern? Erfand man sich. Er selbst, Flametti, hatte er nicht aus einer Robbe ein Seeweibchen gemacht, als Not am Mann war? Und aus Engel einen Ausbrecherkönig? Demselben Engel, der Speckschneider gewesen war bei der Handelsmarine? Eine Kiste hatte er ihm gebaut, woraus mittels einer im Innern angebrachten Mechanik selbst bei vernageltstem Zustand leicht zu entkommen war. Handfesseln hatte er ihm gearbeitet mit einem Raffinement, daß ›Henry‹ mit einem Ruck seiner zarten Gelenke innerhalb drei Minuten im Freien stand.

Freilich: Solche Gelenke aus gutem Hause gehörten dazu und ein wenig Geschick. Aber ›Henry‹ schaffte es. Kein Mensch hätte vorher daran geglaubt. Eine Berühmtheit war aus ihm geworden, über Nacht.

Welcher Direktor erlebte die Überraschung, daß seine Soubrette als Gamsbua auftrat und Schnadahüpfl sang, nur aus Jokus? Oder daß der Pianist die Klampfn nahm und der Jodler das Piston?

Flametti legte auch keineswegs Wert darauf, jeden Abend zu spielen. Besonders nicht in den kleinen Beiseln, wo man um sechs Uhr abends schon auf dem Posten sein mußte, wo das Wasser von der Decke tropfte und die Klaviere jämmerliche Drahtkommoden waren, unmöglich, Töne darauf hervorzubringen.

Mochte Jenny recht haben: man solle auch die kleinen Geschäfte annehmen; man müsse ja auch die Gagen zahlen. Aber man war doch nicht in der Tretmühle! Man war doch nicht auf der Welt, um sich abzustrapazieren!

Keine Überarbeitung: das war man seinem Ensemble schuldig. Flametti verlangte dafür nur seinerseits etwas Entgegenkommen: Anstand und guten Willen. Benehmen. Oder er wurde ›verruckt‹, was besagte: schlug alles kurz und klein, rannte Köpfe an die Wand, ging mit dem Messer los auf die Bande.

»So, Kinder«, rief Flametti, wischte sich den Mund ab und legte die Serviette hin, »jetzt kommt die Gage!«

Er nahm den Schlüssel aus der Hosentasche, schloß die Schieblade auf und rief, auf das Eßgeschirr zeigend: »Weg mit dem Zeugs!«

Rosa beeilte sich, das Geschirr wegzutragen. Das Ensemble spitzte die Ohren. Auch Engel hörte nun auf zu essen. Und alle kamen näher.

»Monsieur Arista«, begann Flametti, »sechzig Franken. Stimmt's? Quittieren Sie.«

»Stimmt«, sagte Arista, »danke schön.« Quittierte mit dem Tintenstift, den Flametti ihm hinschob, und strich das Geld ein.

»Bobby – zwei Franken siebenundzwanzig – hier. Stimmt's? A conto zweiten soundsoviel, à conto vierten soundsoviel, à conto fünften, à conto achten.« Er zeigte auf die einzelnen auf der Quittung verrechneten Posten.

»Stimmt, stimmt«, sagte Bobby. »Danke!« »Hier – quittieren!«

Bobby quittierte.

»Herr Meyer – zehn Franken. A conto vierten – fünf Franken. A conto achten – fünfzehn Franken. A conto zwölften – fünf Franken. Stimmt's?«

»Ja, stimmt. Danke.«

»Laura – fünf Franken. A conto, à conto, à conto, à conto.« Flametti zeigte wieder die einzelnen Posten auf der Quittung.

»Ja, stimmt schon«, zögerte die Soubrette, ein wenig verwirrt und enttäuscht. Eigentlich hatte sie zehn Franken erwartet. Sie konnte sich aber auch irren.

»Immer dieselbe Sache«, maßregelte Flametti. Nie wußte sie, wieviel sie zu bekommen habe, und immer handelte es sich um etliche fünf Franken, die sie vergaß. Aber die Sache klärte sich auf, und auch diese Auszahlung ging glatt vonstatten.

»Quittieren Sie«, sagte Flametti und schob dem Pianisten-Soubrettenpaar die Formulare hin.

Herr Meyer wollte die fünfzehn Franken einstweilen zusammen an sich nehmen. Aber Laura war keineswegs einverstanden.

»Nein, das gibt es nicht!« erklärte sie ziemlich verliebt, »das ist *mein* Geld! Das habe ich verdient!« und suchte ihrem Freunde Meyer den Fünfliver zu entreißen. Und als ihr das nicht sofort glückte, ein wenig ärgerlich: »Was fällt dir denn ein? Wir haben doch keine Gütergemeinschaft«, was Herr Meyer spöttisch zugab.

»Wie sie sich haben!« flötete süß Frau Häsli. »Wie sie sich necken! Seht nur!« Wo ein Krakeel in Aussicht stand, war sie stets voller Freundschaft und Sympathie. »Na so nimm schon deinen Fünfliver!« murrte der Pianist und schob sehr unwirsch der Soubrette das Geldstück hin.

»Grüatzi!« sagte der Schlangenmensch, steckte sich eine Zigarette an und verschwand.

»Addio«, sagte Herr Arista, machte der Jodeltochter insgeheim ein feuriges Zeichen und verschwand.

»Netter Mensch«, bemerkte Frau Häsli zu seinem Abgang.

»So bescheiden und lieb!«

»Mahlzeit!« sagte Herr Engel, der hier nichts zu erwarten hatte, »komme später nochmal vorbei«, und ging ebenfalls; was Fräulein Rosa sehr komisch fand, denn sie bückte sich blitzschnell nach Nettchen, dem Dackel, hob ihn hoch und drehte sich tanzend mit ihm auf dem Absatz.

»Wer kommt jetzt?« fragte Flametti geschäftig, aber mit ein wenig verringerter Sicherheit. »Richtig: Häsli.« Und beeilte sich, die Summe aufzuzählen. »Siebenundzwanzig Franken fünfzig.«

»Waaaas?« rief Frau Häsli, wie von der Tarantel gestochen. Sie beugte den Oberkörper weit in den Hüften vor und blieb wie erstarrt so stehen.

»Siebenundzwanzig Franken fünfzig«, wiederholte Flametti und setzte den Tintenstift überrascht mit dem stumpfen Teil auf den Tisch.

»Siebenundzwanzig Franken fünfzig? Häsli, komm!« Sie packte den Gatten am Ärmel. »Häsli, komm! Das ist nichts für uns.«

Häsli drehte sich auf dem Absatz und machte sich los. Er war unangenehm berührt.

»Marsch, marsch, fort, komm!« drängte die Jodlerin und packte ihn von neuem heftig am Ärmel. Sie gab keinen Pardon. »Na, mal langsam!« brummte Flametti. Und ihre Tochter zog eine mißmutige Schnute und stampfte hörbar ungehalten »Mutter!«

Aber Frau Häsli ließ sich nicht beirren. »Nein, das ist nichts für uns!« tobte sie und schüttelte abweisend die erhobene Hand. »Die Häslis sind nicht diejenigen, die sich drücken lassen. Ich kenne das schon! Ich weiß schon, worauf das hinausläuft. Häsli, komm!«

»Na was ist denn?« interessierte sich Jenny, begütigend und phlegmatisch. Sie kam aus dem Schlafzimmer und steckte sich friedlich das Haar auf.

»Himmelherrgottsakrament!« fluchte jetzt Flametti und schnellte vom Sofa auf. »Was gibt's denn? Was paßt euch denn nicht? Was wollt ihr denn? Macht doch den Schnabel auf, wenn euch etwas nicht paßt!« Die Zornadern waren ihm angeschwollen. Er sah aus wie ein tanzender Fakir.

Häsli bekam's mit der Angst, schüttelte die Frau ab und meinte kleinlaut: »Max, rechn' 's mal vor!«

»Da ist gar nichts vorzurechnen!« schnitt ihm die Alte das Wort ab. »Gar nicht nötig. Wenn ich hör: siebenundzwanzig Franken fünfzig, dann hab' ich schon genug. Dann braucht man mir gar nichts mehr vorzurechnen!« Und nestelte zitternd an ihrer Bluse.

»Was wollt ihr denn?« schrie Flametti noch lauter und tippte sich mit dem Zeigefinger an die Stirn. »Fünfzig Franken Vorschuß bei Engagementsantritt – –« Beide nickten, Frau Häsli so hastig, als ob sie nicht abwarten könne, weiter zu hören. »Dreißig à conto an Häsli nach Bern –«

»So? So?« unterbrach Frau Häsli. »Dreißig à conto nach Bern für die Lumpenmenscher, für die Reitschuldamen, für die Fetzen?« Ihre Stimme schnappte über.

»Dreißig à conto nach Bern«, bestätigte Herr Häsli in aller Ruhe.

»Toni, komm!« rief Frau Häsli und packte die Tochter am Arm. »Toni, komm! Spuck deinem Vater ins Gesicht! Sieh ihn an, wie er dasteht! Als wenn er nicht auf drei zählen könnte! Dreißig à conto nach Bern! Und wir hungern zuhaus!«

Jetzt wurde aber auch Herr Häsli fuchtig. »Soll ich vielleicht von der Luft leben? Hab' ich dir nicht zehn Franken davon geschickt und den Koffer ausgelöst?« »Was für einen Koffer ausgelöst? Die alte Scharteke! Den Koffer hat er ausgelöst! Dreißig Franken braucht er dazu. Wasserrutschbahn fahren mit den Menschern! Mit den Kellnerinnen scharwenzeln! Herr Häsli hinten, Herr Häsli vorne! Schau mich nicht so an, Mensch!« Mit ausgebreiteten Händen und vorgereckter Stirn stand sie da, im Begriff, ihm an die Gurgel zu fahren.

»Mutter!« suchte die Tochter zu beschwichtigen.

»Dummes Weib!« brachte Herr Häsli mit aller Ruhe und Verachtung auf, sah die Alte an, als zweifle er an ihrem Verstand, und sah wieder von ihr weg.

»Na, was wollt ihr also?« schrie Flametti und wühlte krampfhaft und hitzig in seinen Papieren, um die Belege zu finden. »Weiter!« drängte die Alte, »nur weiter!« »Zwanzig à conto an Toni am siebenten.« »Stimmt, stimmt!« drängte die Alte, »nur weiter!« Die zwanzig Franken waren für eine Seidenbluse der Mutter.

Jetzt war aber Herr Häsli seinerseits erstaunt. »Zwanzig Franken? Für was?« fragte er sprachlos.

»Kümmer' dich nicht!« rief Frau Häsli. »Laß dir lieber vorrechnen, was noch weiter kommt. Damit du siehst, was für ein Peter du bist!«

»Ja, dann freilich!« verzichtete Herr Häsli. »Da hat ja alles keinen Zweck! Da kann man ja schuften wie man will! Wenn es hier nur so zwanzigfrankenweise weggeht! Fünf Tage ist man fort, und zu Haus verbrauchen sie zwanzig Franken für Kino, Schokolade, für Putz und Schnecken!« »Kümmer' dich um dich!« schrie Frau Häsli. Der Geifer stand ihr in den Mundwinkeln. »Auf den Hund möcht' er einen bringen, und einem nicht einmal die paar Fetzen gönnen, die man auf dem Leibe hat! Dich kenn' ich, mein Lieber! Ich weiß ganz genau, was du vorhast mit uns!«

Nun muß man wissen, daß mit Frau Häsli nicht zu spaßen war. In Antwerpen und St. Pauli hatte sie Matrosen bedient. Ein Gummiknüttel gehörte zu ihrer Ausrüstung, und die Kassiertasche war mit Eisenketten am Lederriemen befestigt. Kerle hatte sie niedergeschlagen, baumslang, wenn es drauf ankam. Der Varietéberuf war ihr zu still. Mit der ließ sich nicht spaßen.

Also gab auch Herr Häsli klein bei, und weiter ging's mit der Abrechnung.

»Dann am zwölften zweiundzwanzig Franken fünfzig vorgestreckt für Zimmer und Konsumation – –« Die Häslis bewohnten zusammen ein Zimmer in einem Gasthof, das sich die Damen selbst ausgesucht hatten, das aber Flametti bezahlte, weil er Verbindungen hatte mit dem Wirt.

»Schon gut, schon gut«, winkte Frau Häsli ab, »ich weiß schon genug. Bleiben siebenundzwanzig Franken fünfzig. Stimmt schon. Ja, stimmt schon. Häsli, quittier! Wir gehen.«

Dabei schob sie die Tochter mit beiden Händen wie aus einer Verbrecherkneipe vor sich zur Tür. »Wir verzichten. Kannst alles selber nehmen. Ich für meinen Teil will nichts davon haben. Wir verdienen uns schon unser Brot.«

Und Frau Häsli nebst Tochter waren verschwunden. Nettchen bellte. Jenny färbte sich rosenrot im Gesicht vor verhaltenem Ärger. Herr Häsli quittierte, und Flametti schob ihm das Geld hin.

»Mahlzeit, Max!« sagte Herr Häsli geknickt und bedauernd. »Nichts für ungut!« und reichte Flametti die Hand.

»Salü!« sagte Flametti offiziös und packte seine Sachen ein.

Auch Herr Meyer und Fräulein Laura gingen. Eigentlich hatten sie um Zulage bitten wollen. Die Gelegenheit schien ihnen aber nicht günstig.

II

»Siehst du die Anarchisten«, sagte Jenny, als alle gegangen waren, »siehst du sie jetzt? Brauchst nur mal ein paar Tage kein Geschäft zu haben – gleich werden sie üppig. Nur in Verlegenheit braucht man zu kommen – schon laufen sie fort. Forellen müßt ich ihnen vorsetzen, das Kilo für acht Franken. Dann solltest du sehen! Diese Häsli – ach du mein Gottchen, wie sie hier ankam! Aus Gnade und Barmherzigkeit hat man sie aufgenommen. Das ist der Dank. Ausgehungert waren sie, daß Gott erbarm. Jetzt sind sie auf einmal vornehm. – Was machen wir nur, Max? Du wirst sehen, sie laufen uns fort!«

Aber Max hatte keine Lust zu Meditationen. »Ah was!« sagte er unwirsch und kramte verärgert in seiner Tischschublade.

Die Tür ging auf, und herein kam Fräulein Theres, lendenlahm und verdrießlich. Der Rheumatismus plagte sie heut ganz besonders. In der matt herunterhängenden Hand hielt sie einen angerauchten Stumpen und blies mit spitzem Munde den Rauch von sich. Unaufgefordert nahm sie Platz, knetete schmerzhaft ihren Gichtschenkel und drehte sich schnaufend auf dem Stuhl. »Frau«, sagte sie, »wird gebügelt?« »Jawohl, Theres, mach' die Eisen heiß.« Und Theres erhob sich mühsam und troßte ab, um die Eisen heiß zu machen.

Und Fräulein Rosa legte den Bügelteppich auf den Tisch und holte den Wäschekorb aus dem Bretterverschlag, um die Wäsche einzuspritzen.

Flametti aber hatte beim Abschließen der Schieblade einen Schaden am Schloß gefunden, zückte den Hausschlüssel und hämmerte damit am Schlüsselloch.

Es klopfte. Die Türe ging auf, und herein trat Fräulein Lena, vormals Pianistin bei Flametti. »Grüatzi!« sagte sie und schob sich in drei freundlichen Wellen herein.

»Tag, Lena!« nickte Jenny, »komm nur herein!«

»Wenns erlaubt ist!« sagte Lena.

»Tag, Lena!« bekräftigte Flametti, ohne aufzusehen; so versunken war er in seine Reparatur.

»Bügelt ihr?« fragte Lena.

»Ja, wir bügeln«, wischte Jenny sich die Schweißhände an den Busen.

Theres brachte das Bügeleisen, und Lena nahm ihren Stuhl.

»Schöne Sachen hört man!« rückte sich Lena auf ihrem Stuhl zurecht.

»Um Gotteswillen, Lena, was gibt es denn?«

»Ja, ja«, seufzte Lena.

»Was denn, Lena? Sprich doch!«

Und zu Rosa: »Geh mal raus in die Küche! Ich ruf' dich dann!«

Flametti hämmerte angelegentlich und beflissen am Schlüsselloch.

»Also hört zu«, strich Lena ihren Rock zu den Füßen, »sie machen euch aus, wo sie können. Sie erzählen, daß es rutschab geht: ihr zahlt keine Gagen mehr; es gibt nichts zu essen. Ihr bekommt keine Geschäfte mehr. Grad hab' ich den Bollacker getroffen. Mit dem hat's doch die Häsli. Von einem Türken haben sie erzählt und von Opium. Ich weiß ja nicht, was ihr da habt. Aber sie sagten, es sei ihnen zu brenzlich und sie sähen sich nach einem anderen Engagement um.«

»Was haben sie erzählt?« duckte sich Jenny. »So eine Gemeinheit! So eine Niedertracht! Hörst du, Max, was sie ausstreuen? Wie sie sich rächen? Ihren Gadsch hat sie instruiert, daß er herumgeht und uns das Geschäft verdirbt! So eine Infamie! – Weißt du was, Max? Die wollen selbst anfangen. Die laufen uns fort. – Wir, keine Geschäfte mehr! Lena, man läuft sich die Füße wund, daß wir spielen! An der Haustür fängt man uns ab! Wir brauchten nur rübergehen zum ›Krokodil‹! – Du kennst doch das ›Krokodil‹! Eins A, dreihundert Franken Draufgeld! Aber wir wollen nicht, weil wir neu einstudieren. Weißt du: der Braten war bißchen angebrannt. Das hat diese Alte so verbiestert, daß sie jetzt überall ausschreit, sie hätte zu hungern bei uns. Du kennst doch unsere Kost! Warst drei Jahre bei uns. Hast du dich je zu beklagen gehabt? Ist dir je etwas abgegangen?«

Lena schüttelte den Kopf. Nein, sie hatte sich nie zu beklagen gehabt, noch war ihr je etwas abgegangen.

Max hämmerte gewaltsam mit seinem Hausschlüssel am Schiebladenschloß.

»Na, gut' Nacht!« rief Jenny, »ich sollte der Direktor sein! Ich würde sie anders zwiebeln! Hier die Gage, soundsoviel Abzug und den Schuh an den Hintern! Treppe hinunter.«

»Ja ja, ich hör' schon!« fuhr Flametti jetzt auf. »Ich hör' schon. Bin doch nicht schwerhörig! Dummes Geschwätz!«

Jenny war überrascht. Fräulein Lena ebenfalls. Er hatte doch gar nicht zugehört! Er hatte doch an dem Schloß laboriert!

Flametti stand auf, sehr rasch, krempelte seine Hemdärmel herunter, knöpfte das Halsbördchen zu und ging in die Küche, um sich die Hände zu waschen. Er kam zurück, nahm Joppe und Hut und ging.

»Da hast du es!« klagte Jenny, »da geht er. Ach Lena, ich bin ganz verzweifelt! So macht er es immer. Seit er die Geschichte hat mit dem Türken, ist er wie verdreht. Kaum den Löffel aus dem Mund – fort ist er. Alles mögliche hab' ich versucht. Er hört mich nicht einmal an. Wir gehen zu Grund. Ich seh's ja. Was soll ich nur machen?«

»Tja«, meinte Lena, »was ist da zu machen?«

Flametti war dieser ›Summs‹ zuwider. Gewiß, er liebte seine Frau. Sie war ein wenig furchtsam von Gemüt und leicht zu Übertreibungen geneigt, wie alle furchtsamen und aufgeregten Gemüter. Aber sie meinte es gut, war keine böse Natur und er hätte ihr gerne ein wenig Gehör schenken dürfen. Doch er schätzte es nicht, seine innersten Geschäfts- und Familiengeheimnisse coram publico verhandelt zu sehen.

Gewiß, das Geschäft ging schlecht. Schlechte Zeiten und keine Schlager.

Gewiß, ein Ensemble von zehn lebendigen Menschen verlangt, sich standesgemäß zu nähren, zu kleiden und zu Triumphen geführt zu werden.

Obendrein: eine Konkubinatsstrafe von hundertachtzig Franken war zu zahlen – der Beamte der Kriminalabteilung hatte zweimal bereits die Quittung präsentiert – und von der Fischerei konnte man das nicht bestreiten. Das wußte Flametti selbst.

Aber Schlager fallen nicht vom Himmel. Er hatte schon seine Pläne. Man brauchte ihn nicht zu hetzen und die halbe Nachbarschaft dabei zuzuziehen.

Gar diese Lena: Ein schönes Stück Malheur! Die mußte dann gerade noch kommen! Grausliches Weib! Keine galante Erinnerung aus seiner Direktorenzeit war Flametti unangenehmer als diese. Ein Vampir. Nicht von der Spur wich sie, wenn sie einmal Blut geleckt hatte.

Tüchtig war sie, als Pianistin. Russisch sprach sie auch, von Lodz her. Aber ein Mundwerk hatte sie wie ein Schwert. Eine böse Zunge. Und das nun verstand Flametti nicht, wie Jenny sich mit ihr einlassen konnte.

Man soll ihn in Ruhe lassen. Er wird es schon machen. –

Die Hände in beide Hosentaschen gesteckt, so daß der Rockschoß weit hinten abstand, den breitkrämpigen Filzhut tief in die Stirne gerückt, froh, seinem häuslichen Glück entronnen zu sein, schickte Flametti sich an, einen Gang zu unternehmen durch sein Revier.

Dieses Revier nannte sich »Fuchsweide« und war der Konzert- und Vergnügungsrayon aller lebenslustig-abseitigen Kreise der Stadt. Treffpunkt der großen Welt, Schlupfwinkel einiger unsicherer Elemente, zugegeben. Aber alles in allem ein Monaco und Monte Carlo im kleinen.

Flametti fühlte sich frei wie ein Fürst. Aller Hader fiel von ihm ab. Aller Kleinmut verließ ihn. Hier kannte er jeden Weg, jeden Steg; jede Kneipe, jede Latrine. Hier war der Felsen, hier mußte gesprungen werden. Hier fielen die Würfel, hier war man zu Hause.

Vorbei am Alteisengeschäft des Herrn Ruppel und an der ›Drachenburg‹; vorbei an der Fischhandlung ›Teut‹ mit ihren Riesenaquarien voll stumpfsinniger Hechte und Karpfen, vorbei an ›Hähnleins Kleiderbazar‹ und ›Lichtlis Frisiersalon‹; vorbei am ›Olivenbaum‹ und an der ›Tulpenblüte‹, schwenkte Flametti in die Hauptverkehrsader der Fuchsweide, die bucklige Quellenstraße ein.

Er verlangsamte seine Schritte und klimperte, überlegend, mit dem Geld in der Tasche. Er schnupperte in der Luft, die nach Kaffee roch, und zündete sich eine Zigarette an.

Hier war der Korso! Hier war der Betrieb! Es weitete sich seine Brust und er atmete auf. Kein Gesicht, das er nicht kannte. Kein Laden, mit dessen Inhaber er nicht schon Tausch und Geschäfte hatte.

Auf dem ›Mönchsplatz‹ saßen die Katzen und putzten sich in der Sonne. Es war eine Unmenge Katzen, graue, schwarze und rote. Aber es war Platz genug für sie da. Nachts sangen sie hoch auf den Dächern.

Auf dem ›Mönchsplatz‹ lärmten die Kinder. Sie putzten einander die Nasen, banden einander die Hosen zu, säuberten sich die Köpfe. Aber um jeden Kopf legte die Sonne eine kleine Gloriole.

Über den ›Mönchsplatz‹ sprang Fräulein Frieda, die Kellnerin, daß die Röcke flogen.

»Servus Flametti!« rief sie. Es war eine Lust zu leben.

Die Niedermeyers hatten Umzug heute. Auf ein Rollwägelchen hatten sie ihre Sachen gepackt; auch den Kanarienvogel. Der Mann schob. Die Frau half drücken. Die Kinder halfen auch drücken und der kleine Peter hob die Sachen auf, die vom Wagen herunterfielen.

»Wo wohnt ihr jetzt?« rief Flametti.

Und Herr Niedermeyer rief; »Kuttelgasse 33, V.!«

»Angenehmer Flohbiß!« rief Flametti zurück. Er war ein großer Mann und konnte sich's leisten.

Die Hände in den Hosentaschen, breitspurig und schwer, den Schritt wuchtig aufs Pflaster gesetzt, ging er hinüber zur Postfiliale.

»Eine Fünferkarte!«

Der Beamte händigte ihm die Karte aus und Flametti schrieb an Herrn Fritz Schnepfe, Varietélokal, Basel:

>»Werter Freund!
>
>Teile mir, bitte, umgehendst mit, ob du geneigt bist, Flamettis Varietéensemble zu engagieren für die Zeit vom 1. bis 31. Dezember laufenden Jahres, sowie die Bedingungen. Wir haben lauter neue Nummern, erstklassige Attraktionen, und es dürfte nur in deinem Interesse sein, dir mein Ensemble für die allfällige Zeit zu sichern.
>
>Hochachtungsvoll Dein Flametti.«

Kehrte dann zurück in die Quellenstraße und lenkte, am Luftgäßlein vorbei, vorbei an dem kleinen, aber seiner Weine wegen berühmten Gasthaus zu den ›Drei Sternen‹, vorbei am Mordloch mit den Gastwirtschaften ›Hopfenzwilling‹ und ›Jerichobinde‹, vorbei an der Stutenreite, in die Obere Träufe.

Es war ein Gang voller angestrengter Gedankenarbeit. Im Gehen pflegte Flametti zu denken. Bei scheinbarem Schlendern fand er die besten Entschlüsse.

Zwei Herren kamen die Straße herunter, geradenwegs auf ihn zu. Verflucht nochmal!

Der eine elegant, schwarzer Schnurrbart aufgekräuselt, glattes, feistes Gesicht und glänzende Drehaugen. Der andere hager, fanatisch, nervös: »Peter und Paul«. Ein Schäferhund, leichte Patten, tief wehender Hängeschwanz, folgte ihnen wippend auf dem Fuß.

Flametti steckte die Hände noch tiefer in seine Taschen, festigte seinen Gang um ein Erhebliches und grüßte forciert:

»Salü!«

Die beiden nahmen ihn scharf aufs Korn, musterten unauffällig mit einem kurzen Blick seinen Anzug und gingen vorüber.

Herr Abraham Cohn stand unter der Tür seines Magazins ›Zum Chnusperhüsli‹. Er deutete mit dem Kopf nach den beiden sacht gehenden Beamten.

Flametti benutzte die Gelegenheit, stehenzubleiben und meinte: »Die Apostel gehen um!«

»Was wolln se?« meinte Herr Cohn, »mer muß se hamm. Wär mer sonst sicher?«

Flametti trat ein und kaufte eine Tüte Leckerli.

Er ging weiter und kehrte ein im Gasthaus ›Zum Vogel Strauß‹, wo die ausgestopfte Gebirgsgemse und der balzende Auerhahn standen, rechts und links vom Entrée.

Der Auerhahn trug die Fischkarte mit beigedruckten Preisen um den Hals gehängt. Die Gebirgsgemse fletschte die Zähne, ganz unnötigerweise, und sah todesmutig gen Himmel, ein Symbol ihrer Heimat. Auf dem Sockel aus Felsen und Moos lagen zerstreut die Haare, die sie gelassen hatte im Kampf mit der Scheuerbürste des Hausknechts.

Flametti trat ein und überflog mit einem Adlerblick die drei Gäste, die hier versammelt waren.

Verflucht nochmal! In der Ecke saß Kranemann! Kranemann, das Moskitogesicht; Kranemann, die geschniegelte Niedertracht und Korrektheit; Kranemann, Flamettis erbittertster Feind. Das war nicht vorauszusehen.

Einen Moment überlegte Flametti. Sollte er umkehren? Sollte er tun, als habe er sich im Lokal geirrt? Sollte er an den Hut fassen und grüßen:»Salü! Komme später«?

Da stand aber Kranemann schon auf, kam auf ihn zu, wie von ungefähr, und sagte: »Ah, Flametti! – was ist mit der Quittung? Wann wird sie eingelöst? Höchster Termin!«

»Hoi, hoi, hoi!« bockte der und trat einen Schritt zurück. »Nur langsam! Laß erst mal absitzen, damischer Kerl!« Und beschloß jetzt zu bleiben.

»Nix da!« rief Kranemann und faßte ihn leicht beim Kragen, »heut ist der letzte Termin! Zahlen!« und warf ein Zwanzig-Centimes-Stück auf den Tisch.

Und wieder zu Flametti: »Den ›damischen Kerl‹ werden wir uns merken. Wir sprechen uns noch!« Schob seine Röllchen zurück und verschwand.

»Was hat's denn?« fragte der Wirt neugierig, drückte den schwarzen Kneifer fester auf die Nase und kam näher. Auch die Gäste am Kartentisch waren aufmerksam geworden.

»Na«, sagte Flametti, »was hat's? Du kennst doch das damische Luder!«

Der Wirt schien das ›damische Luder‹ durchaus nicht zu kennen.

»Ne Halbe?« rief die Kellnerin. Und Flametti nahm Platz.

»Du mußt nämlich wissen«, vertraute er dem Wirt, »ich hab' doch die Konkubinatsstrafe, weil wir nicht verheiratet waren. Nun hab' ich doch inzwischen geheiratet und prozessiert. Und da haben sie abgelehnt. Nun macht's mit den Prozeßkosten zusammen seine hundertachtzig Stein. Und die wollen sie haben von mir. Und dieser Kerl war doch früher Latrinenbesitzer. Dann ist er zur Polizei übergegangen. Das ist dieser Kranemann. Und das dumme Luder meint nun, er kann mich schikanieren. – Siehst du, er tut mir ja leid. Aber es ist doch zu fad: wo man hinspuckt, stolpern einem diese traurigen Kreaturen über die Füsse!« »Ah, so so so so!« verstand jetzt der Wirt, »das ist *der* Kranemann. Ja, so zahl' doch die paar Stein! Dann hast du doch Ruhe! Man immer berappen!«

»Siehst du«, kippte Flametti sein Bier, »jetzt erst recht nicht! Jetzt sollen sie sich mal die Beine in den Leib laufen!«

»Tja«, meinte der Wirt bedenklich, »die verstehen keinen Spaß. Da ist's schon das Gescheitste, man gibt nach.« Er lächelte schablonig und strich sich die Hände. »Maidche, komm her!« rief Flametti der Kellnerin und zog die Tüte mit den Leckerli aus der Rocktasche. »Das ist für dich!« Und Maidche nahm beschämt die Leckerli in Empfang.

»Ein Don Juan, dieser Flametti!« versicherte der Wirt seinen schmunzelnd weitertrumpfenden Gästen.

»War der Mechmed da?« fragte Flametti die Kellnerin.

»Nein, bis jetzt nicht.«

Flametti sah nach der Uhr, geschäftsmäßig, ohne indessen verabredet zu sein. Nach der dritten Halben, als er eben gehen wollte, öffnete sich die Tür und herein trat Mechmed.

Ali Mechmed Bei hieß der Türke. Er wohnte im Parkhotel und kam aus Aleppo. Und darin hatte Jenny wohl recht, daß Flametti ein wenig verdreht war im Kopf, seit er den Türken kannte.

Ali Mechmed Bei: schon der Name faszinierte Flametti. Eunuchen, Sklaven und Harem wirbelten vor seinen aufleuchtenden Augen, wenn er in heimlichen Stunden den Namen vor sich hinsprach.

Ali Mechmed Bei: enorme Gelder mußte er haben. Man wußte nicht recht, was er eigentlich trieb. Aber er kam häufig in den ›Vogel Strauß‹, und dort hatte Flametti seine Bekanntschaft gemacht.

Ein großes Tier mußte er sein unter seinesgleichen. Denn er hatte noble Allüren an sich. Dämonisch zog er die dichten, weißen Augenbrauen hoch, wenn man ihn ansprach, und pflegte mit den Fingern zu trommeln auf der Tischdecke. »Tja, mein lieber Freund!« sagte er dann, nickte mit dem Kopfe in einer weltmännisch-gewitzigten Weise und sah nach der Decke, wo er jede Fliege, jeden Schnörkel der Tüncherarbeit eingehend verfolgte.

Tiefe kaffeebraune Tränensäcke hingen ihm unter den Augen, und diese Augen selbst blickten in abgründiger Melancholie.

Horrende Trinkgelder gab er, besaß einen Geldbeutel aus Affenhaut und roch, seiner orientalischen Herkunft gemäß, nach Zwiebel, Henna und Kokosnuß.

Dieser Türke Mechmed trat jetzt ins Lokal, und Flametti verfolgte jede seiner Bewegungen mit glühender, heißhungriger Sympathie.

Paletot und Regenschirm hing Herr Mechmed an den Kleiderhaken, und es kann zugestanden werden, daß die kleine, untersetzte Gestalt, die jetzt, zerfallen und morbid, aber freundlich lächelnd auf Flametti zukam, den mysteriösen Gestus jener Leute hatte, die im Traum wiederkehren. Jener Leute, die sehr wohl die Macht besitzen, ein Varietéunternehmen zugrunde zu richten, dessen Direktor nicht Zurückhaltung zu wahren weiß.

Dieser Türke Mechmed nämlich, dessen Smoking ölig glänzte, dessen Äußeres fadenscheinig war, besaß ein Opiumlager, hier am Platz, auch Kokain und Haschisch, im beiläufigen Werte von vierzigtausend Franken, nur prima reine, unverfälschte Ware, erste Qualität, das er – je nun! – geschmuggelt hatte, und das er – verstehen Sie! – ohne Profit, nur weil es ihn behinderte, bereit war, bei konvenierender Gelegenheit abzustoßen.

Und da Flametti sozusagen Fachmann war – er rauchte Opium in der Zigarette, nahm es wohl auch im Bier –, den Rummel verstand, ein Kerl war, so sollte er, bei Gelegenheit, mal sehen, was sich tun ließ. Man hat Bekannte, einen Arzt, einen Advokaten, einen Geschäftsfreund. Ist ja 'ne Bagatelle, vierzig Mille, liegt ja auf der Straße, ist ja gefunden, ist ja ein Dusel. So sollte er also mal sehen, ob man nicht, unter der Hand, vielleicht einen Interessenten fände.

Und Flametti hatte sich auch umgesehen, seit acht Tagen – Geschäft ist Geschäft! Spitzbuben gibt es hier wie dort! – und einen Interessenten gefunden. Aber jetzt wollte er auch wissen, wofür.

»Siehst du, Mechmed«, begann Flametti, als Mechmed Platz genommen, die Nase geschneuzt und sich ein Helles hatte kommen lassen, das er mit den Händen wärmte, »ist ja alles schön und gut. Wir kennen uns jetzt seit vierzehn Tagen. Wir haben Brüderschaft getrunken. Aber wir müssen doch jetzt einmal weiterkommen. Dein Paß ist abgelaufen – wann?«

» Zweiundzwanzigsten.«

»Zweiundzwanzigsten. Bis dahin mußt du das Quantum los sein.«

Mechmed nickte, allem Anschein nach ganz vertrottelt und schläfrig.

Flametti rückte seinen Stuhl näher ran und zündete sich eine neue Zigarette an.

»Hör' mal zu: ich bin doch kein dummes Luder, versteht sich.«

Mechmed nickte.

»Du brauchst also innerhalb vierzehn Tagen einen Käufer.

– Zwanzig Prozent!«

Mechmed nahm die Zigarette aus dem Mund, hielt sie zwischen Zeige- und Mittelfinger weit von sich weg, blies langsam den Rauch aus und überlegte einen Moment.

»Zwanzig Prozent Provision?« sagte er dann und wiegte den Kopf, »gut! Abgemacht! Was heißt?« und war sehr verwundert, wie man an seiner Courtoisie zweifeln konnte.

»Langsam!« sagte Flametti. »Ich *hab'* den Käufer. Drei Tage Bedenkzeit. Vierzig Mille bar auf den Tisch des Hauses.«

Mechmed wurde plötzlich sehr lebendig. Mit einem Ruck fuhr er auf seinem Stuhle herum. Sein Ellbogen auf der Stuhllehne stach spitz gegen die Kellnerin, die mit einem geschickten Seitwärtsschwenken der Hüften den Tisch passierte.

»Aber«, sagte Flametti und kreuzte die Arme vor sich auf dem Tisch, »ich muß nochmal Proben haben und zwei Mille Vorschuß.« Wenn man acht Mille Provision zu erwarten hatte, konnte man wohl zwei Mille Vorschuß verlangen. »Nix Proben!« lehnte Mechmed schwerfällig ab, die Hand am Ohr, um besser folgen zu können.

Flametti lächelte.

»Sei mal vernünftig, Mechmed«, begann er von vorne, »mein Geschäft leidet. Seit acht Tagen bin ich nun unterwegs, dir einen Käufer zu suchen. Rechne die Spesen! Man trifft sich im Café, zahlt die Zeche standesgemäß. Verabredungen da und dort, hin und her. Du weißt selbst, wie das ist – –«

»Wie heißt der Käufer?« fragte Mechmed, ohne den Kopf zu drehen.

Flametti wich aus. »Wie heißt er? Tut nichts zur Sache. Prima prima. Kassa. Zahnarzt.« Es handelte sich also um den Zahnarzt, der Jennys Goldkronen geliefert hatte, einen Herrn von unzweifelhafter Solvenz, gewiß, der aber bis dato weder von des Herrn Mechmed Opiumlager, noch von Flamettis Hoffnung und Agentur die leiseste Ahnung hatte.

»Tja, mein lieber Freund!« trommelte Mechmed auf der Tischkante und sah zur Decke, »wird sich nicht machen lassen. Sieh mal her!« und er entnahm seinem Portefeuille einen ganzen Pack fremdartig kuvertierter Briefe, mit denen er eine Hausse aller orientalischen Narkotika und die gierige Nachfrage nach diesen Artikeln spielend belegte.

»Was heißt das?« stutzte Flametti, ein wenig rauh.

»Das heißt – –:« – der Türke gähnte, schüttelte den Kopf und bestellte einen Zwiebelsalat – »läßt sich nicht machen. Unter fünfzig Mille ausgeschlossen. Offerten: Papierkörbe voll.« Und er zog die Briefe aus den Kuverts.

Flametti sah den Türken in blaue Fernen entschwinden. Perdu. Futsch. Aus. Ihm schwindelte. Aber er versuchte, der Situation gewachsen zu sein.

»Mechmed«, sagte er, räsonabel genug, »du bist kein Filz und ich bin kein Ganeff. Ich weiß: es kommt dir nicht darauf an, wenn du siehst, daß was läuft. Gut: ich verzichte auf die Proben. Macht fünfzig Franken. Weg damit! Aber die zwei Mille Vorschuß – man muß sich bewegen, auftreten können. Nimm doch Vernunft an! Das ist ja nicht so! Wir sind doch gut Freund! Du verstehst schon!«

Mechmed verstand. Er nickte. Aber dann schüttelte er ablehnend den Kopf – er schluckte dabei den Zwiebelsalat –:

»Nicht zu machen. Gefährliche Sache.« Und musterte jenen mit einem profunden Blick. »Varieté«, meinte er, »Weiber, Feuer, Indianer: ja. Ja, ja. Aber Opium – –.« Er schüttelte. »Mein lieber Freund«, sagte er väterlich, »schwierige Sache. Diffizile Sache. Nicht zu machen.« Und dabei verblieb er. Den Daumen hatte er in den Hosenbund eingehängt. Den linken Arm ließ er über die Stuhllehne herunterbaumeln. Er schien darüber nachzudenken, wen er zum Nachfolger ernennen könnte.

»So?« rief Flametti erbost, »das sagst du mir heut? Nach acht Tagen? Das hätt'st du mir wohl auch acht Tage früher sagen können.«

»Nix Proben!« schüttelte Mechmed versunken den Kopf und suchte den Zahnstocher in seiner Westentasche.

»Ah, ich pfeif' dir auf deine Proben! Hier und hier und hier, wenn du sie wieder haben willst.« Aus der inneren Rocktasche brachte Flametti dreimal je eine kleine Papiertüte, Haschisch-, Opium- und Kokainprobe zum Vorschein, die er heftig in einer Reihe nebeneinander auf den Tisch schlug und dem Mechmed zuschob. Aber Mechmed hatte die überlegene Geste des père noble. »Merci, mon cher ami, c'est pour bonhomie!« und schob Flametti, ohne einen Blick darauf zu werfen, die Pulvertüten wieder zu. »Zahlen!« rief er und schlug den Geldbeutel aus Affenhaut, den er an einer Ecke gefaßt hielt, grandenhaft auf den Tisch.

Flametti raffte die Proben zusammen, steckte sie ein und sprang auf.

»Wieso Merci? Wieso Proben? Weißt du, Mechmed, das ist – – das ist – – –« Seine Augen funkelten. Er schien zu Tätlichkeiten geneigt. »Also weißt du – – –« Aber Mechmed hatte sich, etwas schwach auf den Waden, schon zum Kleiderhaken begeben, nahm Paletot, Hut und Regenschirm herunter; sagte, mit einer einzigen, großen, zauberhaften Handbewegung über den Tisch und Flametti wegsegnend zur Kellnerin: »Deux francs, l'addition. Bonjour die Herrn!« und wandte sich wackelnd zum Ausgang. Flametti stand gebannt und entwaffnet. Und da er die Blicke der Gäste auf sich gerichtet sah, ließ er seinen Ärger in ein entschuldigendes Lächeln übergehen, setzte sich wieder hin und drehte an seinen Ringen.

Zu dumm, diese ganze Affäre! Was würde Jenny dazu sagen? Was war nun das Resultat von vierzehn Tagen? Drei Tüten Niespulver.

Er mußte lächeln, wenn er an den alten Knacker dachte, der es verstanden hatte, ihn hinzuhalten. Aber es war ein Lächeln, das saurer wurde, je länger es währte. Eigentlich hatte er gehofft, der Türke würde ihm aus der Klemme helfen. Und mehr:

Beim brasilianischen Konsulat hatte er vorgesprochen zwecks Auskünften. Auszuwandern gedachte er, wenn die acht Mille vom Türken erst flüssig würden.

Sich in der Schweiz mit den Lölis placken? Man ist doch kein Narr. Die brasilianische Regierung stellt Land zur Verfügung, soviel man haben will. Baut einen Rancho. Zwanzig Jahre Kredit. Jenny wird Kaffee pflanzen. Max Sumpfhühner schießen. Ein Pferd kostet dreißig Franken. Eine Kuh zwanzig. Ein Kalb zehn. Und man atmet in freier Luft; Brust an Brust mit den Botokuden.

»Das machen Sie gut!« unterbrach sich Flametti mit einer Floskel aus seinem Varietéjargon, »freie Luft!«

Ihm fiel die Konkubinatsstrafe ein. Was wird nun damit geschehen? Nachdem der Türke versagt hat? Kranemann wird keinen Pardon mehr geben. In die Wohnung wird er kommen mit dem Arrestbefehl. Mit dem Loch wird er drohen.

Er, Kranemann, ihn, Flametti arretieren! Flametti lachte. Zur Treppe wird er ihn spedieren, den Herrn Kranemann. Vors Fenster wird er ihn hängen, wie er die Möbel seiner ersten Frau, dieser Xanthippe, vors Fenster gehängt hat:

den Nachtstuhl, den Schrank, die Kommode, alles hinaus vors Fenster, an langen Stricken. Da hol' dir's!

Das war ein Auflauf auf der Straße. Mit Fingern zeigten sie auf die Hausfront.

Nun, man soll erst mal sehen, wenn die Detektivs draußen hängen! Jeder am Rockkragen säuberlich zum Lüften aufgehängt. Ist's ein Wunder? Geld hat man keins. Fürs Loch hat man keine Zeit. Und doch wird man aufs Blut kuranzt... Wenn man's bei Licht besieht: die sind doch die eigentlichen Apachen. Mit diesem Beruf! Warum betreiben sie ihn? Aus Rechtlichkeit? Ganz gewiß nicht. Aus Ordnungsliebe? Keine Spur. Raufbrüder sind es, verkappte. Herausfordernde Protzen. Leisetreter. Drohnen der Gesellschaft.

Auch diese Schäferhunde: das sind schon die rechten! So ein Vieh, ansehen muß man's: entartete Bestien. Wirf ihnen einen Brocken hin: sie schnuppern nicht einmal dran. Hochverräter an ihrer ganzen Rasse. Leisetreter wie ihre Herrn.

In seinem, Flamettis Fall: wowohl, er hatte in Konkubinat gelebt. Die Scheidung von seiner ersten Frau war noch nicht durchgeführt. Wer beklagte sich drüber? Niemand. Macht hundertfünfzig Franken Buße. Inklusive Prozeßkosten: hundertachtzig Franken. Sah man von diesem Geld je etwas wieder? Wurde dafür die Fuchsweide verschönert? Ein neuer Bahnhof gebaut? Flametti reiste wenig. Ihn interessierte es nicht. Aber die hundertachtzig Franken, die interessierten ihn.

»Zahlen!« rief er laut und patzig.

Als er auf die Straße trat, fielen ihm Jenny und das Geschäft wieder ein.

Hinüber lenkte er zur Filiale des ›Tagblatt‹ und gab eine Annonce auf: »Lehrmädchen gesucht. Kostenlose Aufnahme und Ausbildung. Flamettis Varieté-Ensemble.«

Kostete drei Franken achtzig. Er nahm die Quittung und seinen Ausweis in Empfang und kehrte um. Seine Stimmung, so sehr er auch grübelte, klärte sich auf.

Auf dem Brunnplatz hielt ein kleines Gerümpelauto. Ein Mechaniker in blauem Arbeitsanzug flickte am Reifen. Eine Anzahl Kinder um ihn herum. Die Verwegensten drückten verstohlen auf die Gummiblase der Hupe, was einige grunzende, mißfarbige Laute zur Folge hatte.

Flametti stoppte und sah sich den Karren an.

»Panne?« fragte er den Chauffeur. »Panne«, erwiderte dieser, eifrig beschäftigt.

Der Schaden war rasch repariert. Die Kinder des Autobesitzers stiegen auf. Der Chauffeur ebenfalls. Einige grunzende Laute der Hupe und der Kraftwagen setzte sich unter dem lauten Johlen der schmutzigen Kinderschar, die sich aus allen Löchern und Winkeln eingefunden hatte, in Bewegung. Die Kinder des Besitzers spuckten dabei von ihrem Sitz aus in weitem Bogen und mit aller Anstrengung auf die Proletarierkinder, die sich hinten angehängt hatten und mit geknickten Beinen, trompetend, nachschleppen ließen. Ein Auto in der Fuchsweide, so früh am Abend, war ein Ereignis.

Die Quellenstraße wieder hinunter schritt Flametti, vorbei an Ismaëls ›Holländerstübli‹, vorbei an ›Muselmanns Zigarettengeschäft‹, wo im Schaufenster der Philipp saß, den roten Fes auf dem Kopf, Zigaretten fabrizierend; vorbei am ›Schlankeren Jacob‹ und an den Geschäftslokalitäten der Heilsarmee, hinein ins ›Krokodil‹.

»Salü!« grüßte er, setzte sich, kramte in seinen Taschen und brachte zum Vorschein: ein altes Trambahnbillett und den in der Frühe gekauften hellblauen Tschibuk.

»Ist der Beizer da?« Beizer nannte man in der Fuchsweide den Wirt.

»Jawohl, kommt gleich!« sagte die Kellnerin. Die hieß Anna.

»Gut!« sagte Flametti und nahm einen kräftigen Schluck aus der frischen Halben.

Der delikatere Teil seiner Aufgabe stand ihm bevor.

So leicht, wie Jenny sich vorstellte, war es nicht, im ›Krokodil‹ engagiert zu werden. Herr Schnabel, der Krokodilwirt, kannte die Vorzüge seines Lokals zu gut, als daß er für jeden Schnorrer wäre zu haben gewesen. ›Centrale Lage‹ stand auf den Empfehlungskarten seines Hotels. Und dem Krokodil, das über dem Eingang prangte, sagte man nach, daß es vorzeiten wirklich am Nil sein Unwesen getrieben, allwo es, etliche Heiden und Christen im Magen, dem Büchsenschuß eines Verwandten des Herrn Schnabel erlegen war, um gegerbt und entkröst als Emblem dem Ruf des Herrn Schnabel zu mehrerem Glanz zu verhelfen.

Nein, es war gar nicht leicht, im ›Krokodil‹ anzukommen. Denn es war eine Ehre.

Wer bei Herrn Schnabel spielte, war ein gemachter Mann. Wen Herr Schnabel auftreten ließ, war ein Ehrenmann. Ein von Herrn Schnabel vollzogener Kontrakt war ein Ausweis und Leumundszeugnis. Herr Schnabel, mit Annahme und Ablehnung, teilte Zensuren aus.

Aber Flametti würde es schaffen. Er hatte sich's vorgenommen. Und hier ist es am Platz, zu sagen, daß Flametti keineswegs unvorbereitet um eine Konferenz mit Herrn Schnabel nachsuchte. Er hatte die spielfreien Abende benützt: er hatte sich umgesehen. Mit Jenny im ›Germania-Cabaret‹:

Stanislaus Rotter, Schnelldichter und Conférencier – man hatte ihn seine Schmonzes vortragen hören; seinen redegewandten Improvisationen nicht ohne Gewinn gelauscht. Er war es, von dem Flametti das Heil erwartete.

Angenommen, der Rotter, alter Bekannter von Max, Stadtgröße, würde sich, nur für ein einziges Mal, bestimmen lassen, Flametti ein Ensemble zu schreiben, ein unerhörtes, ein buntes, nie dagewesenes Gesangstableau: es würde die Kassen füllen, die Konkurrenz totschlagen, und wäre ein voller Ersatz für den Türken. Freilich: hingehen mußte man, zu ihm, in seine Wohnung; ihn bitten, devotest, um soviel Güte. Aber wer weiß: vielleicht würde er's tun. *Ein* gutes Ensemble von ihm, exotisch, wild, mit der Streitaxt, brutal – und alles wäre in Ordnung. Herr Schnabel würde nicht Nein sagen können: schon wegen der Konkurrenz. Die Konkubinatsstrafe könnte beglichen werden. Die Schwierigkeit wäre behoben. Flametti hatte, wie gesagt, den

Tschibuk aus der Tasche genommen, und was war natürlicher, als daß er dabei an Ersatz für den Türken dachte?

»Lauf, hol' mir ein Paket Goldshag!« sagte er zur Kellnerin, die neugierig den Tschibuk bewunderte, und gab ihr Geld. Steckte das Rohr des Tschibuks in den Mund, blies hindurch, probierte den Zug und besah die Arbeit. Es war die erste stille Minute seit früh um halb sechs.

»Ah, Flametti!« trat der Herr Wirt freundlich näher, »wie geht's, wie steht's? Pfeife rauchen?«

»Mein neuer Tschibuk«, renommierte Flametti, »fürs ›Harem‹.«

»Neue Ausstattung?« meinte Herr Schnabel. Und mit Bezug auf den Tschibuk: »Schönes Stück. – Echtes Stück?«

»Jawohl«, bestätigte Flametti prompt und zuvorkommend. »Tschibuk aus Aleppo. Echte Arbeit.«

»Ah, von dem Mechmed«, riet Herr Schnabel aufs Geratewohl. Flamettis Beziehungen zum Türken waren ihm nicht unbekannt.

»Nix Mechmed!« beeilte Flametti sich, mit gesunder Selbstironie hausbacken zurückzuweisen. »Orientbazar. Sieben Franken fünfzig.«

»Ist auch besser so«, meinte Herr Schnabel leichthin und nur halb bei der Sache. Er drehte die Hand in der Hosentasche, verfolgte mit wachsamen Augen den Hausknecht, der zapfte; die Kellnerinnen, die sich anschickten, den Saal fürs Konzert herzurichten, und entschwand zum Büfett. Er hatte offenbar viel zu tun.

Flametti war in Verlegenheit. Was sollte er tun?

Die Kellnerin brachte den Goldshag und Flametti stopfte die Pfeife. Ein glücklicher Umstand kam ihm zu statten:

Frau Schnabel erschien im Lokal, freundlich lächelnd nach allen Seiten, eine aufgehende Sonne.

»Sie, Herr Schnabel!« rief Flametti vertraulich, winkte mit dem Kopfe und griff in die Brusttasche: »Was sagen Sie dazu? Kennen Sie den?« Und lächelte Madame Schnabel ein »Guten Abend« zu.

Herr Schnabel, abgelöst am Büfett, trat wieder näher. Aus Flamettis Hand, zeremoniös umschlossen, stieg eine Photographie in Postkartenformat, darstellend einen Herrn in den mittleren Jahren, mit englisch gestutztem Schnurrbart, Schillerkragen und Künstlerkrawatte.

»Das ist doch der – Rotter?« riet der Wirt. »Jerum, der Rotter!« rief er erstaunt seiner Frau zu und beugte sich näher, um über Flamettis Schulter hinweg die Photographie zu betrachten. Auch Frau Schnabel trat näher.

»Ja, der Rotter«, bestätigte Flametti und stand auf, um die Photographie auch Madame zugänglich zu machen. »Wissen Sie, wo der jetzt auftritt?« Er war ein wenig verwirrt, eine Supplikantenrolle zu spielen, wurde verlegen und lächelte. »Als Schnelldichter im Germania-Cabaret.«

»So so!« meinte Frau Schnabel skeptisch und dünn, als habe sie den Pips an der Zunge. Sie neigte den Kopf zur Schulter, drehte die Hand in der Schürzentasche und sah mit hochgezogenen Augenbrauen hinunter auf ihren Spangenschuh.

»Conférencier und Improvisator – Berühmtheit!« versicherte Flametti. »Fünfhundert Franken Gage. Karrieremacher. Feiner Kerl!«

»Waren ja Freunde, ich und der Rotter«, wandte er sich an Madame. »Je Gott! Dort drüben« – er zeigte nach einer Nische – »nebeneinander sind wir gesessen und haben Asti gezecht!«

Und wieder zu Herrn Schnabel: »Erinnern Sie sich? Und im ›Bratwurstglöckli‹ z'Basel: Sie kennen doch den Rotter, was der für 'nen Appetit hat! – Als der Kaiser nach Bern kam: wer hat das Begrüßungsgedicht verfaßt? Erinnern Sie sich?«

Herr Schnabel hatte die Hand in Zangenform an die Stirne gelegt. »Richtig!« fuhr er in großem Bogen von der Stirn weg in die Luft.

»Macht ja Karriere!« rühmte Flametti und schob klotzig den Unterkiefer vor, um die brutal vordrängende Energie des Herrn Rotter respektvoll zu charakterisieren. »Verdient ja ein Heidengeld! Stadtgespräch!«

»Na und jetzt?« interessierte sich Herr Schnabel.

»Unnahbar. Nichts zu machen. Keiner kommt an ihn ran. Wie abgeschnitten.«

Und wieder mit unwiderstehlicher Großartigkeit zu Madame Schnabel: »Ein Talent! Der Kerl schüttelt die Verse nur so aus dem Ärmel. Stundenlang. Phänomenal.«

»So so!« lächelte Frau Schnabel wie oben, mit einem so liebenswürdig knappen Mißtrauen, daß es Flametti die Glieder lähmte.

»Elegant!« schwang Herr Schnabel sich auf und versuchte, mit einem ermunternden Blick auch seine zurückhaltende Ehehälfte zu gewinnen.

»Tipp topp!« überbot Flametti. »Man muß ihn abends sehen, bei Beleuchtung. Im Frack. ›Elegant‹! Das ist das Wort zu viel!« und etwas wie Ironie und leise Verachtung mischte sich in Flamettis unendlich überlegenes Interesse. Er war sich bewußt, seinen letzten Trumpf auszuspielen. Jetzt oder nie.

»Siehst du, Flametti«, sagte Herr Schnabel unvermittelt und setzte sich an den Tisch, »so etwas müßtest du engagieren! Mich geht's ja nichts an: aber laß doch den Kram mit dem Türken und such' dir 'nen Schlager!«

Flametti klopfte gerade den Tschibuk aus. Er bekam Oberwasser. Das alte, vertrauliche ›Du‹ des Herrn Schnabel ehrte ihn. Er steckte die Photographie ein. »Jawohl! Und wieviel Draufgeld zahlst du mir?«

»Was Draufgeld! Je nachdem! Zweihundert Franken, dreihundert Franken. Haben schon vierhundert gezahlt im Monat.«

»›Je nachdem‹!« lächelte Flametti gerissen und nahm sein Bierglas zwischen die Hände. »Ist ja Stuß. Aber ich will dir was sagen: Was zahlst du, wenn er mir ein Ensemble schreibt?«

»Was zahl' ich?« gigampfete Herr Schnabel. »Kommt drauf an!« Und er stieg mit der Stimme. Er stand auf, drehte sich auf dem Absatz und strich sich den Schnauzbart.

Frau Schnabel kannte das Gehaben ihres Gatten. Sie wußte: jetzt kam's zum Geschäft. Sie zeigte ein Lächeln, das schon im voraus ihre Zustimmung zu allen etwaigen Maßnahmen des Gatten zum Ausdruck brachte. Ein Lächeln, das, drüber hinaus, Ermutigung zu bedeuten schien für den glücklichen Kontrahenten, dem es gelungen war, das Interesse ihres Gemahls, des Herrn Schnabel vom ›Krokodil‹, zu erregen.

»Minimum!« rief Flametti, der nun einmal den Schnabel gefaßt hielt und nicht gewillt war, ihn wieder loszulassen.

»Kommt darauf an, was ihr bringt!« schaukelte Herr Schnabel sich von den Absätzen auf die Zehenspitzen und von den Zehenspitzen wieder auf die Absätze. Flametti zählte an den Fingern seine Mitglieder her: »Zehn Personen. Drei Lehrmädel.«

»Gut«, sagte Schnabel, »wenn du was bringst von dem Rotter, und alles anständig, dezent –: dreihundert Franken und am fünfzehnten könnt ihr kommen.« »Abgemacht!« schwitzte Flametti und streckte Herrn Schnabel die Hand zu über den Tisch. »Anna, 'ne Halbe!«

Jenny lag schon zu Bett, als Flametti von diesem an Aufregungen reichen Tage nach Hause kam.

»Na, Max, was ist? Was hast du erreicht?« Sie war sehr besorgt.

»Engagement im ›Krokodil‹. Fünfzehnten fangen wir an.«

Jenny setzte sich im Bett auf und strich sich das Haar aus der Stirn. »Aber was spielen wir denn?«

»Morgen geh' ich zum Rotter.«

III

Seltsame Dinge begaben sich im Hause Flamettis. Ein Brief kam an von Mechmed. Darin stand:

›Mein lieber Freund!

Ein schamloser Verdacht! Ich sitze hier in den Händen der Polizei und kann nicht heraus. Mein ganzer Besitz, einige Kilo Haschisch, konfisziert. Was wollen sie von mir? Ich habe keine Schuld an dem Anlaß. Hilf, Bruderherz! Im Namen der Freundschaft. Mechmed sitzt in den Händen der Polizei. Die Hände der Polizei geben schlechtes Essen und kein Luft. Und die Seele schreit mit dem Dichter:

Eilende Wolken, Segler der Lüfte,

Wer mit euch wanderte, wer mit euch schiffte!

Dein Freund Mechmed.‹

Und da der Brief keinen Stempel der Bezirksanwaltschaft trug, wußte Flametti, daß Mechmed seinem Handwerk treu geblieben war, würgte ein schadenfrohes Gelächter und beeilte sich, seine Probetüten zu Mutter Dudlinger beiseite zu schaffen.

Und ein zweiter Brief kam an; für Frau Häsli; den sie vorlas mittags bei Tisch. Darin stand:
›Mein heißgeliebtes Herz!‹
»Hört ihr?« rief sie, »›heißgeliebtes Herz‹ schreibt der Narr!«
›Mein heißgeliebtes Herz!
Sie haben mich genommen,...‹
»Beim Militär«, erklärte sie.
›...und es geht mir hier sehr gut. Ich habe acht Tage Dienst zu machen. Dann werde ich beurlaubt. Nichts ist's mit dem Jodeln. Ich blase die Trompete, trotz meiner Zahnlücke...‹
»Er blost, er blost«, schrie Frau Häsli und versuchte, den durch die Zahnlücke blasenden Gatten mit schief gezogener Schnauze zu vergegenwärtigen.
»Ich blase die Trompete und der Hauptmann ist sehr zufrieden mit mir. Strenger Dienst, und ich denke Dein in Liebe. Bleibt mir treu...«
»Toni, bleib' ihm treu!« schwadronierte die Alte.
›Bleibt mir treu und ehret mein Angedenken.‹
Frau Häsli machte eine verdutzte Pause. »Ehret mein Angedenken?«, wiederholte sie befremdet. Dann auf jedes seiner Worte deutend:
›Meine Blicke ruhen auf euch und verfolgen jeden euerer Schritte.‹
»Jawohl«, bemerkte Frau Häsli, »da kannst du lange verfolgen, mein Lieber! Hähä! Seine Blicke verfolgen uns! Ja, übermorgen! Blos du die Trompet'! Er blost die Trompet'! Der Häsli blost und seine Schritte verfolgen uns!«
›Süße, geliebte Lotte‹,
fuhr sie fort,
›schick' mir ein Paar warme Unterhosen und schreibe mir ausführlich! Ich sehne mich nach euch und zähle die Tage bis zu meiner Rückkehr.‹
»Gott sei Dank!« sagte Frau Häsli und schob den Brief in ihren Brustlatz, »jetzt ham sie ihn. Sollen ihn nur recht zwiebeln. Ich werd' dem Hauptmann schon schreiben, daß er ihn sobald nicht wieder losläßt. Wie gesund der ist, wenns ans Prügeln geht! ›Heißgeliebtes Herz!‹ Ja, Scheibenhonig!«
Und ein dritter Brief kam an, für Flametti, aus Basel. Darin stand:

›Werter Freund und Kupferstecher! Flametti!
Indem uns Deine Karte sehr gefreut hat, hätt'st auch einen Brief schreiben können. Damit man weiß, was ihr bringt en détail. Ich bin bereit, Dich zu akzeptieren für die fragliche Zeit und wenn ihr gefällt, dann noch länger. Die Alte kommt zu euch hinübergerutscht für einen Tag, weil sie noch andere Affären hat, und dann könnt ihr einig werden. Die Alte läßt grüßen. Grüß auch Jenny und bringt was rechtes mit.

Sacré nom du dieu!

Dein Fritz Schnepfe und Frau,
Varietélokal, Basel.‹

Und Flametti nahm den Ausbrecherkönig beiseite und sagte: »Komm' mit!« Und sie gingen zum Einkauf und brachten zurück: Fünf Bettvorleger aus getigertem Fell und eine Negerlanze von den Sunda-Inseln, die sie erstanden hatten bei Herrn C. Tipfel, Antiquariat, wo Briefmarken, Seesterne und Smaragdkristalle in schillernder Auswahl das Schaufenster zierten.

Und überhaupt: eine gesteigerte Tätigkeit bemächtigte sich Flamettis. Leben kam in die Bude.

Niemand außer Jenny und Engel wußte, was die fünf Bettvorleger sollten. Aber sie waren da und jedermann, der zum Ensemble gehörte, mußte mit den Händen drübergestrichen und sie für gut befunden haben.

Sie blieben zunächst im Eßzimmer liegen. Sechs Franken neunzig das Stück. Fünfunddreißig Franken die Partie.

Und Flametti richtete sein Schreibzeug her und nahm den Kapellmeister beiseite und sagte: »Herr Meyer, morgen nachmittag fünf Uhr: Soloprobe. C-Dur.« Und machte mit zappelnden Wurstelfingern die Bewegung heftigen Klavierspielens.

Und kaufte sich einen neuen Schlips, ein Franken fünfundsiebzig, schwarz, beim ›Globus‹.

Und der Herr Coiffeur Voegeli kam zu Besuch, eines Nachmittags, und man servierte ihm im Schlafzimmer Wein, und Fräulein Rosa mußte ihn unterhalten, weil Jennymama keine Zeit hatte, sondern roten Biber einkaufen gehen mußte, um aus den Bettvorlegern durch Aufnähen der Felle auf den roten Biber Kostüme zu fertigen von wilder, unerhörter Farbenpracht.

Und Herr Voegeli revanchierte sich für den liebenswürdigen Empfang so brillant, daß Jennymama in der Lage war, sich einen totschicken Abendmantel zu kaufen, den sie zu tragen gedachte zur Premiere.

Und siehe da: zwei junge Damen kamen, aus Bern, zu Fuß, eine schöner als die andre. Das waren Fräulein Güssy und Fräulein Traute.

Fräulein Güssy lang, überlang, so was Langes haben Sie noch nicht gesehen. Vorne platt wie ein Nudelbrett. Mit langen Zugstiefeln, großen dunklen Kuhaugen und langen, wehenden Armen: zwanzig Jahre. Fräulein Traute kräftig, rosenrot, Hakennase. Stets kichernd und schamrot über den eigenen Busen, der prall und anbötig vorn abstand, und den sie stets eifrig bedacht war, mit beiden Händen über die Hüften hinunterzuglätten: achtzehn Jahre.

Und Flametti sah sie an mit einem Auge voll Wohlgefallen beide. Und all dies Weiberfleisch wurde einquartiert zu Fräulein Rosa, hinter den Bretterverschlag, zu den Turteltauben; wurde als Lehrkraft dabehalten, und suchte sogleich mit Eifer sich nützlich zu zeigen.

Und Besuch kam nachmittags: Fräulein Raffaëla, Tänzerin, und Fräulein Lydia, Tänzerin; beide vom Zirkus. Mit ihrer gemeinschaftlichen Mutter Donna Maria Josefa.

Donna Maria Josefa war eine sehr preziöse Dame. Sie setzte beide Hände trommelnd auf die Tischplatte und ließ ihre Augen schweifen, ohne den Kopf zu bewegen.

Ihre Nase war etwas gerötet von Frost. Ihr Gesicht beherrscht. Ihre schmalen, behaarten Lippen verbargen ein Gebiß, das mit wahren Haifischzähnen besetzt war.

Man stellte vorsichtig Kaffee vor sie hin, und die beiden Töchter setzten sich zu ihrer Seite, je rechts und je links, und sagten:

»Mama, ach Mama! Mama, nimmst du Zucker? Mama, nimmst du Milch? Mama, nimmst du Zwieback? Mama, nimmst du Honig oder Gelee?«

Und Flametti sagte: »Jaja, Frau Scheideisen!« So hieß Donna Maria Josefa mit ihrem Privatnamen.

Und Jenny schob ihr in einem fort Zwieback hin und sagte zu den Töchtern:

»Greif zu, Raffaëla! Greif' zu, Lydia!« wie zu alten Bekannten.

Und Donna Maria Josefa trommelte mit den Fingern, als säße sie bei einer Eröffnungs-Gala-Festvor stellung an der Kasse. Und lächelte gemessen, wenn man höflich war.

Das Ganze aber hatte Flametti, wahrlich nicht übel, arrangiert und eingefädelt, um die alte Häsli ein wenig in Schach zu halten, die üppiger wurde von Tag zu Tag. Die saß jetzt auch am Kaffeetisch und platzte vor anerkennender Bewunderung beim Anblick der Goldknöpfe von Donna Maria Josefas Blusenbusen.

Es begab sich aber, daß auch zwei Detektivs erschienen, eines Nachmittags – schon wieder, Kreuzdonnerkeil! –, an die Türe klopften, ganz sachte, und Flametti zu sprechen wünschten, zwecks einer Auskunft.

Und er ging hinaus vor die Tür, nahm die Detektivs in die Küche und verhandelte mit ihnen.

Und eine innere Stimme sagte Flametti: Verdirb dir's nicht! Häng' sie *nicht* vors Fenster, sondern mach' Ihnen Vorschläge zur Güte!

Und das tat er auch. Aber es nützte nicht viel. Noch immer wegen der Quittung.

Und er stieß die Tür auf und kam hereingestürzt in die Stube, schloß seine Hauptkasse auf, stürzte den Inhalt auf den Eßtisch und schrie sehr erregt zu den skeptisch nachfolgenden beiden Beamten:

»Was wollt ihr denn? Seid doch vernünftig! Kann ich denn zahlen? Seht selbst! Habt doch in Teufelsnamen ein wenig Geduld! Da ist mein Ensemble...«

»Jenny, Rosa, Güssy, Traute!« rief er, und die kamen von rechts und links, im Unterrock, mit offenen Haaren, mit Lockenschere, Schuhknöpfer und Seifenhänden...

»Da ist mein Ensemble« rief er, und zerrte die Damen mit langen Armen zu sich heran, »man arbeitet doch! Man rackert sich ab! Man studiert, simuliert! Man zahlt seine Steuern, man tut sein Möglichstes...«

Aber die Beamten blieben trotz allem skeptisch. Und es ist nicht einmal unwahrscheinlich, daß der Anblick so unterschiedlicher Frauenspersonen, in Halbtoilette um einen einzigen Mann gruppiert, ihr Mißtrauen noch bestärkte. Sie notierten sich etwas und man begab sich zum zweitenmal in die Küche. Jetzt handelte sich's um den Mechmed.

»Haben Sie einen Türken gekannt: Ali Mechmed Bei?«

»Ja.«

»Haben Sie mit ihm in Geschäftsverbindung gestanden?« »Nein.«

»War Ihnen bekannt, daß er mit Kokain, Opium und Haschisch handelte?«

»Ja.«

»Nehmen Sie selbst Opium?«

»Nein.«

»Haben Sie Kommissionsdienste für ihn übernommen?«

»Nein.«

»War Ihnen bekannt oder mutmaßten Sie, daß seine Waren geschmuggelt waren?« »Nein.«

»Wann haben Sie ihn zuletzt gesehen?« etc.

Flametti gab Antwort auf all' diese Fragen nach bestem Wissen und Gewissen. Denn er hatte nichts zu verbergen. Aufgeplustert vor Wut und verlegen wie ein Schuljunge.

Und sie nahmen ihn nicht in Haft. Und wegen der Quittung würde er eine Vorladung bekommen zwecks Auseinandersetzung seiner Vermögenslage.

Flametti wurde furchtbar nervös im Lauf dieser Tage. Offenbar: große Dinge standen bevor. Wichtige Dinge. Geheimnis tut not, wo Schicksale schweben. Störung ist fernzuhalten.

Noch kannte Flametti von dem neuen Ensemble, das Herr Rotter ihm zugesagt und bestimmtest versprochen hatte, nicht viel mehr, als daß die Musik in C-Dur ging; daß es voraussichtlich

›Die Delawaren‹ hieß, und daß er selbst, Flametti, den Häuptling Feuerschein vorstellen würde, mit Lanze, Pfeilen und Tomahawk.

Aber gerade die letztere Aussicht, die Rolle des Häuptlings Feuerschein, die Flametti bevorstand in den Prachtworten, die Herr Rotter sicherlich für ihn finden würde; im exotischen Aufputz voller Glut, Farbenpracht und Majestät; – Adlerfedern über den Rücken hinunter; Sandalen unten, Hakennase oben – veränderte gewissermaßen Flamettis Gesichtskreis und seine Lebensnuance.

Jetzt erst verstand er, weshalb ihm zuletzt das ganze Ensemble, Auftreten und Spielen verleidet gewesen; weshalb ihm all' seine letzten Tableaus so seicht, geistlos und platt erschienen. Schon diese Titel: ›Die Modeweiber‹, ›Die Nixen‹, ›Die Nachtfalter‹! Was konnten sie einem geben? Weiberzeug, süßlicher Schnack. Kitsch, Bruch.

Widerwillig hatte Flametti sie Abend für Abend im Repertoire geführt. Löckchen, Gefältel, Plissées, Frou-Frou –: er konnte nicht mehr. Er empfand einen Brechreiz. Und die Weiber waren dabei immer aufdringlicher geworden. Was Wunder! Sie standen im Mittelpunkt.

Dagegen: ›Die Delawaren‹! Wie das klang! Stierig, männlich, farusch, imposant! Das war eine Sache. Das schuf Respekt. Da ließ sich was ahnen!

Flamettis Benehmen wurde, schon jetzt, simpler, beruhigter, breiter. Seine Energie zäher, verbissen. Sein Selbstgefühl mächtig. Die Löwenbrust wölbte sich. Wenn er die Hand auf den Tisch legte, zitterte dieser. Früher hatte er nicht gezittert. Wo Flametti hingriff, wuchs jetzt kein Gras mehr. Wen Flametti ansah, zuckte zusammen, erbleichte.

Er ließ, im Geist, seine Freunde Revue passieren und beschloß, zu lieben und hassen nur noch tödlich. Früher hatte er mit sich reden lassen.

Er beschloß, alle minderen Qualitäten aus seiner Gepflogenheit auszumerzen. Beschloß, seine Gastfreundschaft auszudehnen und selbstverständlicher zu gestalten. Beschloß, mehr zu sitzen, zu liegen. Weniger Aufregung, mehr Schwere und Weihe.

Seine Leidenschaft für Narkotika und für Alkohol solle befestigt werden. Opium: sehr gut. Feuerfressen: sehr gut. Das paßte. Und er beschloß, die Feuernummer von nun an wieder öfter und mit mehr Finsternis in der Geste zum Vortrag zu bringen.

Nicht soviel Anpassung. Mehr Würde. Magie. Nicht soviel Worte. Mehr lautlose Tat. Im ganzen: Vereinfachung. Wucht.

Und eines Morgens, als Flametti, in Träume versunken, vor die Tür seines Wigwams trat, im vollen Waffenschmuck, mit vergifteten Pfeilen; den Rauch seiner Pfeife blasend nach den vier Windrichtungen: erhob sich ein solches Gekreische, Gelächter und Girren im Lattenverschlag bei den Tauben, daß Flametti beschloß, ein Exempel zu statuieren.

Heraus sprang Feuerschein aus dem Bett, im Hemd, mit Bravour, und hinüber zum Lattenverschlag.

Das Weiberfleisch balgte sich in den Betten.

Drein fuhr Flametti mit derber Hand und lüpfte die Decke.

Es leuchtet der Mond in der Gondelnacht
Blank, blänker, am blänksten.

Und Flametti griff zu und es klatschte.

Und die Lange flüchtete aus dem Bett. Und die Dralle mit dem geschamigen Busen schrie. Und die, die es traf, Rosa, die Sklavin, rang die gefalteten Hände, flehte und sträubte sich fruchtlos gegen die sehnigen Häuptlingsarme.

Stolz kehrte Flametti zurück, die Brust geschwellt von männlichem Furor, die Augen gerollt vor strahlender Lust, und sagte zu Jenny, die neben ihm lag: »Die sollen mich kennenlernen!«

Neueinstudierungen wurden angeordnet unter Jennys Leitung, weil Max anderweitig beschäftigt war. Alte Kostüme wurden, unter Beteiligung der Lehrkräfte, repariert und aufgebügelt. Die neuen Kostüme probiert.

Und auch die Damen Jenny und Laura bekamen jetzt Lanzen, aus Besenstielen, rundum bemalt, gelb, grün und blau. Oben eine Spitze aus Goldblech.

Und damit auch das übrige Ensemble nicht müßig ging, hatten Engel und Bobby Beleuchtungsproben mit bengalischem Rot, wozu sie die Pfanne und Pulver besorgen mußten.

Herr Arista studierte ein neues Lied:

›Nur immer raus damit, nur immer raus damit!
Wozu haben wir's denn? Na ja!‹,

was sich auf seinen Busen bezog.

Auch die Häslis hatten für neues Programm zu sorgen und studierten mit dem Pianisten das interessante Terzett ›Schackerl, Schackerl, trau di net!‹, das Frau Häsli ausgesucht hatte, an dem sich aber nach seiner Rückkehr vom Dienst auch Herr Häsli beteiligen sollte.

Es war offensichtlich Flamettis Ehrgeiz, aus der Premiere dieser ›Indianer‹ einen Festzug zu machen, ein Ruhm- und Gedenkblatt für sich und das ganze Ensemble.

Wer weiß, was für Intentionen mehr er damit verband, was für Erbauungen und Hintergedanken! Soviel Sorgfalt wie auf dieses Ensemble hatte er noch auf keines verwandt. Soviel Aufwand und Wichtigkeit waren kaum zu erklären.

Ein Plakat ließ Flametti entwerfen von einem ersten Maler der Fuchsweide. Darauf stand in Majuskeln: »Die Indianer.«

Abgebildet war Flametti als Häuptling Feuerschein in vollem Federnaufputz, Rothaut über und über, mit Ohrringen, Funkelaugen und einer Kette aus Bärenzähnen.

Darunter aber stand: ›Alleiniges Aufführungsrecht: Flamettis Varieté-Ensemble.‹

Hinging Max zu Herrn Fournier, dem Vorstand der Eisenbahner-Kapelle, und fragte ihn, ob er bereit sei, mit fünfzig Mann Blasorchester zur Stelle zu sein. Und welche Konditionen.

Vorsprach Flametti beim Beizer und legte ihm den Gedanken nahe, um Freinacht und Tanz einzugeben bei der Polizei, was Herr Schnabel zwar überrascht, aber bereitwillig versprach. Er hatte ja keine Ahnung.

Und zur festgesetzten Stunde traf Flametti Herrn Rotter im Terrassencafé.

Der Rotter war elegant wie immer. Er las gerade die ›Daily Mail‹ – ob er das konnte? Ob das nicht Getue war? –, lud Flametti mit einer raschen, geschickten Handbewegung ein, Platz zu nehmen, setzte den Kneifer vor seine lidlosen, entzündeten Augen, rieb sich die Nase und zückte das Manuskript aus der Mappe.

Flametti bestellte ein Pilsner, und dann befummelten sie die Affäre.

»Also sieh her, Flametti!« sagte Herr Rotter, »das ist der Dreck.« Dabei wog er das Manuskript auf der Hand.

Flametti beugte den Oberkörper herunter aufs Knie und rauchte Zigarre.

»Also es ist so: ›Die Delawaren‹. Du machst den Feuerschein. Die andern, die Weiber, fünf Stück, machen die Bande. Ausstattung: Fellkostüme, wie gesagt, Lanze, Tomahawk, Kopfaufputz. Musik: C-Dur. Beleuchtung: Rot. Einstudieren mußt du's selbst. Hier ist der Text.«

Flametti bemerkte sofort, daß Herr Rotter Eile hatte, und beeilte sich seinerseits, aus der Brusttasche einen Fünfzigfrankenschein in Bewegung zu setzen, der als Honorar vereinbart und von Mutter Dudlinger mit riskierender Teilnahme vorgestreckt worden war.

»Hier«, sagte Flametti, indem er den Schein auseinanderfaltete, »jeder Arbeiter ist seines Lohnes wert.«

»Ah was, Bagatelle!« sagte Herr Rotter und steckte den Schein nachlässig in die Rocktasche.

Flametti hatte sofort das Gefühl: »der ist das Einheimsen gewohnt!« und erinnerte sich jener erstaunlichen Fertigkeit, mit der Herr Rotter im Germania-Cabaret die Pausen füllte durch Selbstverkauf seiner ›Gesammelten Werke‹.

Flametti nahm das Ensemble jetzt an sich mit beiden Händen und begann zu lesen.

»Na, kannst es zuhaus in Ruhe studieren!« meinte Herr Rotter, »es klappt. Sei versichert!«, und intonierte probeweise die erste Strophe.

Flametti gingen die Augen über vor Bewunderung.

›Die letzten von dem Stamm der Delawaren,
Die Kriegerscharen
Der Delawaren — — — ‹.

Ausschritten die Rhythmen in gravitätischer Folge.

Flametti fühlte, wie seine Nase schärfer wurde, energischer: eine Adlernase. Seine Augen kühner, verwegener, sprühend. Er fühlte die Lanze in seiner Faust. Die Federbüschel liefen ihm kalt über den Rücken hinunter. Sein Unterkiefer schob sich vor in bestialischer Vehemenz.

Der Ober, beladen mit einem Pack Zeitungen und einem Cafécrème, schlängelte sich zwischen den Tischen hindurch und stieß an den Stuhl. Flametti wäre ihm knapp an die Gurgel gefahren. So schreckte es ihn aus der Illusion. »Klappt alles. Unbesorgt!« versicherte Rotter.

»Hören Sie zu«, sagte Flametti, »ich hab' ein Plakat machen lassen: ›Die Indianer‹. Großartig, imposant. Dreißig Franken. Beim Lemmerle. Kennst ihn doch!«

»Schon gut! Mach' was du willst mit dem Dreck!« sagte Herr Rotter und drückte den Klemmer fest. »Ist ja nicht mein Beruf. Macht man so nebenbei.«

»Schau«, meinte Flametti treuherzig und verlegen, »mich packt's. Mußt nicht so sprechen. Mir tut's weh. Mich freut's halt. Akkurat weil du mir die ›Indianer‹ gemacht hast. Siehst du, ich hätte dir auch einen Hunderter gegeben, wenn du's verlangt hätt'st.«

Rotter kraulte sich mit dem Taschentuchzipfel im Nasenloch und sah über den Kneifer weg Flametti an, als traue er seinen Ohren nicht.

»Wirst mal sehen«, meinte der, »wenn die Beleuchtung dazu kommt, Musik, Reklame, der ganze Klimbim!« Und er versuchte, durch gleichzeitige Anspannung aller Gesichtsmuskeln, Wackeln der Ohren, vorgeschobenen Unterkiefer, Hochziehen der Brauen, einen Begriff zu geben von der Schlagkraft der Dinge, die dann kommen würden.

»Apropos«, behielt Rotter sich vor, »bei der Hauptprobe will ich dabei sein. Damit ich auch sehe, was ihr draus macht.« »Sowieso«, beruhigte Flametti. Und um zuverlässig zu beweisen, daß das Ensemble in guten Händen sei: »Fünfzig Mann Blasorchester!« Und nahm einen tiefen Schluck Pilsner.

»Das ist alles nichts«, meinte Rotter, »wenn ihr den Schick nicht trefft. Wenn das gewisse Etwas fehlt.«

»Es kommt«, versicherte Flametti, »da ist das Wort zuviel.«

»Na, wollen mal sehen«, schloß Rotter und griff nach der ›Daily Mail‹.

Flametti fühlte sich unbehaglich.

»Zahlen!« rief er, »hab's pressant!« und der Kellner kam, und Flametti reichte Herrn Rotter indianisch die Hand, sagte »Salü!« und »Merci!« und ging. Ein unerhört despektierliches Wort unterdrückte er, als er das Lokal verließ. Zu Hause aber warf er sich aufs Sofa und las. Las mit immer wilderem Entzücken, immer hellerer Begeisterung. Las das Ensemble von A bis Z, ertrank darin; ritt, galoppierte, rasselte, tobte; donnerte, blitzte und fluchte; strahlte und weinte, lachte und staunte.

Setzte sich hin und schrieb mit kalligraphischen Lettern, Silbe klar an Silbe reihend – er war ja der Sohn eines Lehrers – die Rollen heraus.

Sprechproben wurden angesetzt; Ensembleproben. Die Rollen wurden verteilt. Persönlich probte Flametti vor dem Spiegel.

Probierte mit den Mädels, teilte Ohrfeigen aus, rannte Köpfe an die Wand; schrie, brüllte und fluchte.

Konnte gar nicht Worte genug finden, sein Erstaunen über die Borniertheit dieser Weiber, Jenny und die Soubrette mit eingeschlossen, kundzugeben.

Es ging denn auch rapid vorwärts. Nach drei Tagen saß schon der Text. Nach weiteren drei Tagen saßen auch die Bewegungen, Auf- und Umzug des Ensembles auf der Bühne.

Was hatten die armen Weiber alles für Vorstufen durchzumachen, bis sie wirkliche, richtige, echte Indianer waren! Kalb, Ochs, Esel, säbelbeiniges Frauenzimmer, Schmerbauch, Mistvieh, Bauer! Was alles mußten sie anhören in hartem Ringen um die Kunst!

Und erst die Bewegungen! Bis die saßen! »Links! Links! Links herum, Stoffel!!!«...»Vor, die Lanzen! Hoch den Tomahawk! Runter aufs Knie!«...»Um mich herum! Vor mich hin! Ich beschütze euch!«...»Apotheose! Verklärung! Verklärte Augen sollst du machen, Mistvieh damisches! – Und die Musik, bis die saß! »Hörst du denn nicht?? Sperr' deine Löffel auf! Wozu hast du denn deine Windfänger! Die Nasenlöcher kannst du doch *auch* aufsperren!«...»Den Allerwertesten werd' ich dir treffen, wenn du nicht aufpassen willst. Himmelherrgottsakrament, sperr' deine Ohren auf!!!«

Aber dann ging's auch wie am Schnürchen, nach sechs Tagen, und alle waren des Lobes voll und bekamen allmählich Geschmack an der Sache und machten die Bewegungen von selbst; auch bei Tisch, beim Zubettgehen, beim Morgenkaffee; im Hemd und in Unterkleidern. Sangen, pfiffen und trällerten die Musik vor sich hin, die Herr Meyer feinsinnig aufgefaßt hatte und kongenial wiedergab.

Und Flametti studierte solo mit Meyer ein: den Auftritt des Häuptlings.

Unten in der Musik muß es donnern und blitzen: Brwrr, brwrrrr, worgeln und tremolieren. Dann muß die rechte Hand höherlaufen. Feuerschein kommt von links, späht durch das Kulissenfenster der Bauernstube, drohend, erschrecklich, in hohem, dämonischem Federnschmuck, mit der Lanze. Kommt dann heraus auf die Bühne, vorsichtig, schleichend, verfolgt, den Kopf spähend vorgestreckt, die Halsmuskeln gespannt, den Tomahawk mordbereit. Verschwindet unter Donner und Blitz der Musik in der Kulisse rechts. Es beginnt das eigentliche Ensemble. C-Dur. Andante. Mächtig und breit: Auf dem Kriegspfad:

›Die Letzten von dem Stamm der Delawaren,
Die Kriegerscharen
Der Delawaren...‹

Dann haben zu singen die Weiber, mit vorstellender Handbewegung zu Flametti gewandt:

›Der tapfre Häuptling Feuerschein...‹

Und Flametti antwortet mit stolz erhobenem Haupt und gestrafften Zügen:

›Mit seinen wilden Mägdelein...‹

Dann tutti, zum Publikum gewandt mit dargebotener Rechten:

›Entbieten euch die Freundeshand
Zum Gruß. Schlagt ein!‹

An den Türken dachte Flametti nicht mehr, seit er Indianer geworden war. Aus dem Opiumhandel war nichts geworden. Desto besser. ›Wenn nicht, dann nicht!‹ hieß es in einem Couplet der Soubrette.

Dafür hatte Flametti jetzt selbst einen Harem, und gewissenhaft war er darauf bedacht, seiner Illusion Greifbarkeit zu verleihen. Einteilte er seinen Wigwam in drei Gemächer.

In der Mitte die Stube wurde das Häuptlingszelt, wo man Beratung pflog, Botschaften empfing, Mahlzeiten einnahm, Siesta hielt. Das Schlafzimmer rechts davon ward zum Gemach der obersten Lieblings- und Hauptfrau. Der Bretterverschlag links Kemenate der Favoritinnen und Nebenfrauen.

Das ideal in der Mitte gelegene ›Hauptgemach‹ erregte zwar den heftigen und unverhohlenen Widerspruch der Lieblings- und Hauptfrau, aber Flametti ließ sich nicht beirren, und bald hatte er es denn auch dahin gebracht, den Begriff seiner männlichen Würde und Überlegenheit von den Kebsweibern akzeptiert zu sehen. Und es war ein zwar ungewöhnlicher, aber in seiner Totalität strammer Anblick für Mutter Dudlinger, eines Tags den Häuptling in vollem Kriegsschmuck zu finden beim Anprobieren der fertigen Fransenhosen, um ihn herum die Haupt- und die Nebenfrauen, hockend mit Herstellung kleiner roter Lämpchen beschäftigt, die dazu bestimmt waren, von den Delawaren auf dem Kriegspfad an langen Schnüren als Beleuchtungskörper geschwungen zu werden. Herr Schnabel, der Wirt, hatte sich nämlich das bengalische Pulver verbeten, des unbändigen Gestanks wegen, den die beiden Feuerwerker schon auf der Probe damit hervorgebracht hatten.

Solcherlei Zurüstungen konnten der Konkurrenz nicht verborgen bleiben.

Der Neid war grenzenlos. Die Versuche, Flametti das Wasser abzugraben, gingen ins Lächerliche.

Pfäffer zeigte an:

›Die exzentrische Schwiegermutter oder eine Nacht am Orinoko. Posse in drei Akten!‹

Einen absonderlichen alten Onkel mit Botanisierbüchse und rotem Regenschirm sollte Fräulein Mary singen, eine zwar nicht mehr jugendliche, aber sympathische Darstellerin, von der Jenny beruhigt voraussah, daß sie mit ihren Beinen eines alten Kaleschengauls, abgewetzt, knollig und dürr, notwendig müsse Fiasko machen.

Ein andrer Direktor begann ebenfalls ›Indianer‹ einzustudieren, die er ›Komantschen‹ nannte. So daß Flametti sich genötigt sah, unter das Plakat des Herrn Lemmerle noch setzen zu lassen: ›Jede Nachahmung verboten! Wer die Idianer nachmacht, wird gerichtlich verfolgt!‹

Den Vogel aber schoß Ferrero ab. Unter Zuhilfenahme maßloser Reklame zeigte er an: ›Lullu Cruck, König aller Bauchredner! Man lacht, lacht, lacht!‹

»Krampf!« lachte Flametti, »Macht er ja selbst.«

Flamettis Selbstgefühl erreichte den Gipfel. Und als eines Tages die Zusage des Herrn Fournier eintraf wegen der fünfzig Mann Blechmusik; als Herr Schnabel die Erlaubnis vorzeigte für Freinacht und Tanz; als endlich die Hauptprobe angesetzt werden konnte, da fand er sogar den Mut, dem Rotter die Spitze zu bieten. Und das war gut, denn um ein Haar wäre durch Rotters provozierendes Benehmen noch auf der Hauptprobe alles gescheitert.

Haltlos ironisch, wie es seiner Gemütsart entsprach, kam Herr Rotter am Tage der Hauptprobe an in Lackstiefeletten und Streifenhosen, den Koks keck auf den Kopfwirbel geschoben: Dandy, Genießer und Zyniker.

»Nu man los!« rief er, indem er sich vorn an die Bühne placierte, Arme und Beine verschränkt, an den Wirtstisch gelehnt.

»Hoch mit die Röcke!« rief er dem vorhangbedienenden Engel zu.

»Wa?« schnodderte er die Kellnerin an, die ihn nach seinen Belieben fragte.

Flametti verstand nicht, wie sich ein Mensch seinem eigenen Geisterprodukt gegenüber so heillos frivol benehmen könne. Ihn schauderte. Doch er versuchte, gute Miene zum bösen Spiel zu machen, und schwieg.

Als aber der Auftritt kam:

›Die Letzten von dem Stamm der Delawaren‹ – die selbstverfaßte Häuptlingsouvertüre unterdrückte Flametti in einer Anwandlung von Unsicherheit –, als also der Auftritt kam und Herr Rotter in ein prustendes Gelächter ausbrach, und als infolge der höchlichen Laune des Herrn Autors auch die fellgegürteten Weiber auf der Bühne anfingen, die Sache lustig zu finden, da riß Flametti die Geduld.

Auf den Hacken drehte er sich vor Wut wie ein kirrender Hahn. Die Lanze stieß er auf den Boden, daß das Bauernhaus rechts und die Renaissancelandschaft im Hintergrund ins Wackeln gerieten. Hochrot wurde er im Gesicht wie ein Puter. Und er schrie mit drosselnd erhobenen Händen im Dialekt seiner Heimat über die Rampe hinunter:

»Wellet Se sich nit einen Augenblick auf Ihre vier Buchstaben setzen, Herr Dichter? Nur einen Augenblick, wenn es gefällig ist! Sie seh'n doch, daß hier gearbeitet wird.«

Der Rotter war ganz überrascht. Das war ja eine unglaubliche Frechheit von diesem Flametti! Was fiel dem eigentlich ein! Das war doch die Höhe!

Hoch hob er sein Stöckchen, fitzte es durch die Luft und rief auf die Bühne hinauf:

»Sie, hören Sie mal: Hab' ich mit Ihnen vielleicht mal die Schweine gehütet oder hab' ich Ihnen das Ensemble geschrieben? Das Frauenzimmer dort mit der Gurkennase ist doch unmöglich!«

Das Frauenzimmer mit der Gurkennase war Fräulein Rosa. Und Flametti sah hin und stand einen Moment lang betroffen. »Ich hab' das Ensemble doch, Gott verdamm' mich, für Hakennasen und nicht für Himmelfahrtsnasen gemacht!«

Er schlug mit dem Stöckchen C-Dur an und rief:

»Na, mal weiter!«

Aber Flametti war jetzt die Lust vergangen.

»Lassen Sie das Klavier in Ruh!« schrie er herunter und fuchtelte mit der Lanze. »Was fällt Ihnen eigentlich ein? Sind Sie hier Direktor oder ich?«

Herr Rotter jedoch wurde auffallend ruhig, nahm sachte sein Stöckchen von den Tasten, rückte die Mütze zurecht und sagte:

»Hören Sie mal! Wenn Sie glauben, Sie Botokude, mich für Ihre fünfzig Franken hier anschreien zu können, dann sind Sie im Irrtum.«

»Und Sie«, rief Flametti, stellte die Lanze hin und sprang, in vollem Häuptlingsschmuck, über die Bühne herunter, »machen Sie, daß Sie rauskommen. Raus! Ich habe genug von Ihnen.«

Und da Herr Rotter als Antwort hierfür nur ein spöttisches Grinsen hatte, die Stirnhaut hochzog, die Ohren bewegte und den Blöden spielte, packte Flametti den Patron am Ärmel und spedierte ihn höchst persönlich durch das Lokal zum Büfett, wo Herr Schnabel automatisch und ohne zu fragen sich seiner annahm und ihn im Hinblick auf seine moralische Zweideutigkeit vor die Türe setzte.

Nachdem der Dichter entfernt war, ging alles glatt. Von vorne, von vorne, und nochmal von vorne, bis daß es saß.

IV

Am siebzehnten fand die Premiere statt. Schon am frühen Morgen herrschte im Hause Flametti beträchtliche Aufregung. Es war noch nicht sieben Uhr früh, als sich die Frauen aus dem Favoritinnengemach schon stritten um das Vorrecht, für diesen Ehrentag Flametti-Feuerscheins Stiefel putzen zu dürfen.

Fräulein Traute hatte sich im Lauf der letzten Tage das Reinigen der Häuptlingsstiefel zu ihrer ganz besonderen Domäne gemacht. Kaum regte sich in der Frühe das erste Gurren und Flattern der Turteltauben, so sprang sie schon aus dem Bett, hin zum Gemach der Hauptfrau, vor dessen Türe die Knöpfelschuhe der Frau und die Zugstiefel Flamettis in trunken übernächtiger Kameradschaft beisammenstanden, nahm die Häuptlingsstiefel weg, ließ die Hauptfraustiefel stehen und rannte in die Küche nach dem Putzzeug, um den beiden anderen Favoritinnen zuvorzukommen. Heute aber hatte sie sich verrechnet. Denn während sie in fliegendem Negligé zu der Schlafzimmertür rannte, rutschte auch Fräulein Rosa über die Bettkante herunter und eilte hinaus in die Küche, um Bürste und Putzzeug an sich zu nehmen. Güssy aber, die im Nu, zurückbleibend, die Chancen des kommenden Streits berechnet hatte, langte sich ihre Beinkleider und zog sich an, fieberhaft. Ihr Temperament war stiller, phlegmatischer, heiß. Aber soviel wußte sie: Angekleidet würde sie bei einem Streit vor ihren im Hemd stehenden Rivalinnen im Vorteil sein.

Der Streit ließ nicht auf sich warten. Unter der Türe zwischen Eßzimmer und Küche begegneten sich Traute und Rosa. Die eine mit den Stiefeln, die andere mit Bürste und Crème. Güssy knöpfte sich gerade die Spangenschuhe zu.

»Gib die Stiefel her!« rief Rosa, »sie gehen dich nichts an! Ich bin länger im Hause als ihr!« Sie wollte sich gerade heute ein Vorrecht nicht nehmen lassen, auf das sie früher gerne verzichtete.

Aber Traute dachte nicht dran, die Stiefel aus der Hand zu geben.

»Hast du sie gestern gewichst? Hast du sie vorgestern gewichst? Verstehst du überhaupt was davon? Fütter' deine Tauben!«

Güssy lachte. Aber Rosa hatte keine Lust zu weitschweifigen Auseinandersetzungen.

»Gib sie her!« rief sie entrüstet und klopfte der Traute die Wichsbürste auf die Nase.

Güssy kam näher aus dem Lattenverschlag, lachend. Die Stiefel fielen zu Boden. Die Wichsbürste ebenfalls. Die Crème rollte unter den Schrank. Traute und Rosa kriegten sich bei den Haaren.

In diesem Moment aber klopfte es und herein trat: Frau Schnepfe aus Basel. Sie war mit dem Frühzug herübergefahren, um ihre Visite zu machen, ihre ›Affären‹ zu erledigen und abends zur Premiere zu kommen.

»Guten Morgen!« sagte sie freundlich und stand unter der Türe. »Bin ich hier recht bei Flametti?«

»Ah, die Frau Schnepfe!« rief Rosa freundlich überrascht und ließ ihre Partnerin los. »Ja, ja, natürlich sind Sie hier recht! Setzen Sie sich, Frau Schnepfe!« und lachte sich tot.

Güssy nahm die Stiefel und das Putzzeug an sich. Traute war in den Verschlag geflüchtet. Auch Rosa, kichernd hinter dem Spalt der Lattentüre, beeilte sich, einen Rock anzuziehen.

Frau Schnepfe war etwas befremdet von solch halbnackter Tummelei der Künstlerinnen. Musternd sah sie sich im Eßzimmer um. Hier also wohnte Flametti! »Er schläft noch«, entschuldigte Rosa und kam, die Druckknöpfe schließend, wieder zum Vorschein. Dann vorstellend: »Das ist Fräulein Güssy. Das ist Fräulein Traute!« Die rieb sich mit dem Handtuchzipfel die Schuhcrème aus dem Gesicht. »Noch ein bißchen früh. Er steht immer erst auf gegen elf. Heute steht er wohl früher auf, weil wir heut' abend die ›Indianer‹ haben. Aber ich darf ihn nicht wecken.«

»Gut, gut!« sagte Frau Schnepfe und stand auf, den Schirm in der Hand. »Ich komme später vorbei. Grüßen Sie ihn! Die Frau Schnepfe war da.«

»Es ist recht«, verbeugte sich Rosa graziös, ihres stellvertretenden Amtes bewußt. »Ich werd' es bestellen. Adieu, Frau Schnepfe!«

»Adieu!« dehnte Frau Schnepfe und ging, nicht ohne im Vorbeigehen einen Blick auch in die rußige Küche geworfen zu haben, wo inzwischen Fräulein Theres hantierte, verdrießlich und Stumpen rauchend.

Dann kam Engel, um acht.

»Schläft er noch?«

»Ja, er schläft noch.«

»Wo hast du das Plakat?«

»Hier«, sagte Rosa und holte das schöne Plakat des Herrn Lemmerle aus der Ecke beim Spiegelschrank, blieb bei Herrn Engel stehen und lachte ihn an.

Auch die beiden andern kamen näher und lachten.

Engels milde Augen waren Wolfsaugen geworden.

»Das ist ein Plakat! Was?« sah er sich nach den Weibern um, als hätte er das Plakat selbst gemacht.

Rosa lachte. Güssy kicherte verschämt. Sie kannten doch Flametti! Und wenn man das Bild ansah, wo er so feierlich aussah, als Indianer, – wie sollte man da nicht lachen!

Aber Traute lachte nicht. Sie fand es dumm, da zu lachen. Was gab es da zu lachen? Gar nichts gab es zu lachen.

Sie ärgerte sich über diese Gänse. Diese Rosa, die Trulle, was die schon davon verstand! Das ist doch nur für die Reklame!

Er hat ein Geschäft, der Flametti. Das ist das Indianerspielen. Das macht ihm Spaß. Und wenn er ein Plakat machen läßt, ist's schade, daß es nur ein Brustbild ist; daß nicht auch die Beine drauf sind mit den Fransenhosen, und die Stiefel. Und man muß froh sein, wenn man ihm die Stiefel putzen darf, damit er sich freut. Und wenn er manchmal ›verruckt‹ wird und toll zuschlägt, dann ist das auch nicht so schlimm! Weiber brauchen das, sonst werden sie frech. Man sieht's ja. Und wenn er einen anfaßt, dann ist's, als ob einem Hören und Sehen vergeht und man möchte am liebsten zurückschlagen, weil er sich gar nicht geniert und sich nichts draus macht. Das ist schon ein Aas, dieser Flametti.

Und sie sagte es ganz laut, ein wenig schmollend und sehr verliebt: »Das ist schon ein Aas, dieser Flametti!«

Rosa krähte vor Übermut und sah die unglücklich im Fensterwinkel sitzende Traute förderlich an. Die hatte es mächtig! Güssy aber, still und heiß, hatte ein Geschäker mit dem Engel angebahnt. Sie hatten ihre Hände zum Tric-Trac ineinandergesteckt und Güssy, lang wie sie war, versuchte, den schmächtigen Ausbrecherkönig unterzukriegen.

Rosa hielt, versunken, das Plakat vor sich hin.

Und Traute kam näher und warf dem »tapfren Häuptling Feuerschein« singend einen Handkuß zu, indem sie Theater machte aus ihrer Verliebtheit.

Und Rosa fiel ihr um den Hals und tanzte mit ihr im Zimmer herum.

»Laß los, Güssy!« meinte Engel ernsthaft, »hab' keine Zeit. Muß weiter. Das Plakat aushängen.«

»Frau Schnepfe war da!« rief Rosa.

»Aus Basel?«

»Ja, aus Basel!«

»Fein wird's heut' abend: ›Die Letzten von dem Stamm der Delawaren‹«, sang Traute mit übertriebenen Gesten, die ihr im Ernstfall gewiß nicht so leicht gefallen wären.

»Ja, Frau Schnepfe war da«, quittierte Engel, »und das ist auch eine Neuigkeit: daß die Häsli nicht singen wollen. Herr Häsli will den Schackerl nicht machen. Weil's ihm nicht paßt.«

»Ach, der!« maulte Rosa gegen Engel, »was der nicht alles weiß!« Und sie intonierte:

›Schackerl, Schackerl, trau di net!‹,

was sie auf der Probe gehört hatte, und kopierte dabei Frau Häslis neckische Vortragsart.

Überhaupt: die Weiber waren außer Rand und Band, schon so früh am Morgen, und Engel warnte:

»Wenn ihr mal nicht andre Augen macht, eh' es Abend wird!«

Und Engel schickte sich an, zu gehen, das Plakat unterm Arm nebst den beiden Bildertafeln, die er sich selber langte und auf denen die Mitglieder des Flametti-Ensembles in ihren entbötigsten Privat- und Theaterposen photographisch zugegen waren.

»Engel!« rief Flametti, dessen nackter Kopf an der Schlafzimmertür erschien, und die Mädels fuhren auseinander.

»Ja, Max?« drehte Engel, schon bei der Treppe, noch einmal um.

»Komm mal her!«

Rosa nahm Güssy die Stiefel ab und stellte sie schleunigst an die Tür. Traute rief durch den Schalter:

»Theres, den Kaffee!«

Güssy nahm schleunigst die Tischdecke weg und deckte den Kaffeetisch. Engel folgte Flametti ins Allerheiligste.

»Was gibts?« fragte Flametti.

»Plakate holen«, berichtete Engel.

»Sonst was?« Flametti war wieder ins Bett gestiegen.

»Guten Morgen, Jenny!« machte Engel seine Reverenz. »Nein, sonst nichts. Ja doch: Die Häsli machen solchene Zicken. Er ist ganz blutig gekratzt und er will nicht singen, sagt er.« Engel bibberte heftig, wie immer, wenn er solchen Hiobsposten zu bringen hatte.

»*Was* will er?« setzte Flametti sich auf. »Na, weißt du«, begütigte Engel, »es paßt ihm nicht. Er ist doch gestern zurückgekommen vom Militär. Und es paßt ihm nicht, daß die Alte das Lied ausgesucht hat mit dem Schakkerl.«

»Was ist das?« setzte sich nun auch Jenny auf, indem sie das Hemd über der schönen vollen Brust zusammenzog.

»Na, du weißt doch, Jenny«, erklärte Engel, »sie katzen sich doch immer. Und nun ist mir der Häsli schon früh um sieben, wie ich von der Annie kam, auf der Straße begegnet, ganz zerkratzt um die Schnörre herum, und hat mir gesagt, daß er nicht singen will wegen dem ›trau mi net‹. Und er will nicht das Kalb machen.«

»Gut!« sagte Flametti, »häng' die Plakate aus! Er wird schon singen. Ich werde schon sorgen dafür, daß er singt!«

Und Jenny rief: »Max, geh' rüber zu ihnen! Setz' sie vor die Tür! Hol' dir Ersatz! Hab' ich dir's nicht gesagt, daß sie uns aufsitzen lassen? Hab' ich's nicht immer gesagt? Da hast du's! Aus der Nachtruhe stören sie einen auf, die Anarchisten!« Und Max sprang aus dem Bett, zog die Hosen an, schnackelte die Hosennaht zurecht und trat ins Eßzimmer, unwirsch. Der Kaffee stand auf dem Tisch. »Wer hat die Stiefel geputzt?« rief er.

»Ich!« riefen Traute, Rosa und Güssy zugleich.

»Gut!« sagte Flametti, zog die Stiefel an, setzte den Hut auf und stapfte davon.

Er ging aber nicht zu den Häslis, sondern begab sich schnurstracks zu Fräulein Mabel Magorah, der indischen Traumtänzerin, Rübengasse 16.IV, die er als Ersatz benötigte.

Auch Jenny stand jetzt auf, gar nicht guter Laune, zog den blauen Schlafrock über, der wie ein Bügelteppich aussah, band ihn über dem Leib zusammen und kam zum Vorschein.

Das erste war, daß sie ihre ungeputzten Knöpfelschuhe bemerkte. Sie tat, als merke sie gar nichts, und fragte harmlos, indem sie sich zum Kaffeetisch setzte:

»Wer hat meinem Mann die Stiefel geputzt?«

Schweigen.

»Na, werd' ich's erfahren, wer meinem Mann die Stiefel geputzt hat?«

Güssy frech und phlegmatisch:

»Ich. Warum?«

»Weil du auch meine zu putzen hast, wenn sie dabeistehen.«

Und Jenny nahm die Knöpfelschuhe und warf sie der Güssy vor die Füße.

»Na!« maulte Güssy, »ich bin doch keine Dienstmagd hier im Hause! Soll doch die Rosa die Stiefel putzen! Ich bin hier als Sängerin engagiert!«

»Was bist du?« rief Jenny erbost, »Sängerin? Was sagst du? Einsperren werd' ich euch! Nichts zu essen werd' ich euch geben! Ich werd' euch Mores lehren! Für die Kerls habt ihr Augen. Für's Arbeiten nicht!«

Traute stand irgendwo beim Fenster, abgewandt, und kicherte in sich hinein. Rosa war hinterrücks in die Küche verschwunden. »Rosa!« rief Jenny hinaus, »hast du dein Kleid ausgebügelt?«

»Nein, noch nicht!« antwortete es von draußen.

»Du bügelst dann dein Kleid aus! Theres soll die Eisen einlegen. Und dann tragt ihr die Kostüme rüber in die Garderobe!«

Traute bekam einen Einfall. Sie ging hinaus in die Küche und kam zurück mit einer Teekanne. »Na, was hast denn du da?« fragte Jenny. »Teewasser!« sagte Traute. »Teewasser?« fragte Jenny, »wozu Teewasser?«

»Ich will meine Locken wickeln.«

Jenny schlug mit der Hand auf den Tisch und fuhr auf. »Na, da hört doch die Weltgeschichte auf! Du bist wohl ganz und gar übergeschnappt? Locken jetzt um neun Uhr vormittags? Und aus meiner Teekanne? Deine Dreckfinger willst du in meine Teekanne stecken, aus der ich Tee trinke?«

Aber Traute fand das gar nicht absonderlich. Weder daß sie sich Locken wickeln wollte, noch daß sie Flamettis Teekanne dazu nahm. Sie ging deshalb ruhig weiter mit der Teekanne, nach dem Verschlag, um ihre Lockenwickler aus der Schieblade zu nehmen.

Jenny hatte sie aber auch schon eingeholt. »Her mit der Kanne!« schrie sie, »raus damit in die Küche!«

Traute hielt fest.

»Gibst du die Teekanne her, du Mensch?« schrie Jenny.

Sie zerrten sich hin und her, bis die Hand der kräftigeren Jenny mit der Teekanne hoch in die Luft fuhr, daß das Wasser spritzte.

»Ich will dir Locken geben! Du gehst mir nicht aus dem Haus heut, und kommst mir mittags nicht an den Tisch.«

»Pah!« rief Traute, »was ich mir draus mache! Herr Flametti hat drüber zu bestimmen. Er wird mich schon rufen.« »Hier drinnen bleibst du!« schrie Jenny außer sich, versetzte ihr einen Stoß, schlug die Türe zu und schloß ab. »Theres!« rief sie zum Schalter, »die bekommt heute nichts mehr zu essen!«

»Und wehe euch!« rief sie den beiden andern zu, »wenn ihr ihr was zusteckt! Ich will euch zeigen, wer hier Meister ist!« Vom Verschlag her hörte man Traute trommeln und dazu singen:

›Der tapfre Häuptling Feuerschein

Mit seinen wilden Mägdelein....‹ in einem eigensinnig verliebten Rhythmus.

»Ah, so!« sagte Jenny. »Na, wart's nur ab!«

Güssy hatte mittlerweile das Handtuch aufgehoben, mit dem Traute sich die Schuhcrème aus dem Gesicht gewischt hatte, und versuchte in einer Anwandlung von Solidarität, es verschwinden zu lassen.

Aber Jenny bemerkte gerade, daß das Handtuch hinter die Gardine fiel, und rief: »Gib nur her, was du dort verschwinden lassen willst! Was ist denn das?«

Güssy zögerte.

»Her damit!« schrie Jenny und riß es ihr aus der Hand. »Wo kommt dieser Fleck her?«

»Theres!« jammerte sie, »diese Schlampen haben mir das ganze Handtuch eingeschmiert!«

Jetzt kam auch Fräulein Theres herein. »Mein Gott«, verwunderte sie sich, »was ist denn das? Aber nein, das ist doch zuviel!« und ihr Gesicht wurde lang wie ein Laib Brot.

»Theres, die bringen mich ganz herunter! Die ärgern mir die Schwindsucht an den Hals!«

»Rosa, jetzt sag mal du«, wandte Jenny sich an die auf das Jammergeschrei hin ebenfalls wieder hereingekommene Rosa. »Ich kann nichts dafür!« versicherte die. »Ich hab' der Traute die Bürste auf die Nase geklopft und sie hat sich die Nase ins Handtuch gewischt.«

»So? Und warum das?«

»Weil sie mich aufzieht. Weil sie mich hänselt. Sie sagt, ich hätte was mit Ihrem Mann gehabt in der Garderobe. Und das laß ich mir nicht gefallen. Ich hab' nie was mit Ihrem Mann gehabt. Aber sie hat sich knutschen lassen. Hab' ich selbst gesehen. Sie ist ja ganz verschossen in ihn! Und die Güssy hat's auch gesehen.«

»Hast du das gesehen?«

»Ich habe nichts gesehen«, meinte Güssy apathisch, »was geht es mich an?«

»Jawohl hast du's gesehen!« fuhr Rosa sie an, »bist ja selbst eifersüchtig auf ihn! Bist du's vielleicht nicht?«

»Pah!« warf Güssy weit weg, »eifersüchtig!«

»Raus in die Küche!« schrie Jenny und packte eine nach der andern beim Ärmel, »ihr sollt mich kennenlernen!«

Da ging auch Fräulein Theres wieder hinaus, Stumpen rauchend, und schloß die Türe hinter sich.

Und Schritte ließen sich vernehmen auf der Treppe und Raffaëla kam, die Tänzerin, Tochter von Donna Maria Josefa, mit ihrem Kind, der kleinen Lotte, die bamsig und fett an der Hand ihrer Mutter wackelte.

»Duden Morgen!« dehnte Raffaëla bamsig und fett im Ton ihres Kindes, »sag' schön ›Duden Morgen!‹, Lotte!« ...»wir haben unsern Sirm stehenlassen neulich, und wollen ihn wieder holen....«

»Dida holen«, echote die kleine Lotte.

»Dieder holen«, wiederholte Raffaëla phlegmatisch.

»Ach, Raffaëla!« klagte Jenny, »ich bin ganz unglücklich! Gut, daß du kommst. Setz' dich, trink' 'ne Tasse Kaffee«!

»Tasse Taffee!« wiederholte Lotte.

»Denk' dir«, fuhr Jenny fort, »diese Menscher! Sie stellen mir das ganze Haus auf den Kopf! Heut' abend haben wir doch die ›Indianer‹. Und zu Haus geht alles drunter und drüber. Locken brennen sie sich am hellen Vormittag. Der einen hab' ich Ohrfeigen gegeben. Die heult draußen. Die andere hab' ich eingesperrt. Hinter meinem Mann sind sie her. Seit diese ›Indianer‹ ins Haus kamen, hab' ich keine ruhige Minute mehr. Er ist der Häuptling Feuerschein, verstehst du, und sie sind seine ›Mägdelein‹, sein Harem. Er hat sie in der Kur, alle drei, und sie trumpfen auf. Sie lassen sich nichts mehr bieten von mir. Sie werden frech. Was mach' ich nur?«

Raffaëla war sprachlos; fand aber soviel Besinnung, Lotte Kaffee einzugießen und Brote zu streichen.

»Nein«, tat sie verblüfft, »so was! Geh', Jenny, 's ist nicht möglich!« – »Seine Mägdelein!« krähte sie, »nein, so was!« Sie schien für Flamettis Romantik noch weniger Sinn zu haben als Jenny.

»Geh', lach' nicht!« sagte die. »Er hat sie in der Kur. Ich weiß es ganz genau. Und sie trumpfen auf. ›Das werden wir schon sehen‹, sagte dieser Fetzen, die Traute. Sie weiß, daß er ihr die Stange hält. Mit der Teekanne kommt sie an, gerade vorhin, und will sich Locken wickeln. Meine Handtücher schmieren sie mir ein. Die Betten zerschneiden sie mir. Die Vorhänge reißen sie mir herunter!«

»Na, das ist doch die Höhe!« war Raffaëla paff vor Erstaunen, und setzte die Geleeschnitte ab, die sie gerade in den geöffneten Mund schieben wollte. »Ja, läßt du dir das gefallen?«

»Was soll ich denn tun? Er kommt mir ja nicht mehr nach Haus! Er läßt sich ja nicht mehr blicken! Er verspielt ja das ganze Geld! Sechshundert Franken hatten wir auf der Kasse. Alles ist fort. Auto fährt er mit ihnen. Ins Kino führt er sie. Er ist der Häuptling Feuerschein und sie sind seine Trullen. – Mit der Soubrette hat er auch was. Vor zwei Stunden ist er weggegangen. Heut nachmittag kommt er zurück. Und hier geht alles drunter und drüber. Der Engel hat die Plakate noch nicht abgeholt und jetzt ist es zehn. Die Häsli wollen nicht singen heut abend und wir haben doch niemanden. Kein Geld läßt er mir für die Haushaltung und mutet den Leuten zu, sechsmal Fisch zu essen in der Woche. Natürlich laufen sie weg.....«

Raffaëla schüttelte den Kopf ob solcher Unglaublichkeiten:

»Ja, Jenny, ist das denn möglich?«

»Ah, du hast 'ne Ahnung!« seufzte die, wirklich mitleiderregend, ganz zersprengtes Gesicht, »ich weiß mir ja nicht mehr zu helfen!«

»Ja, Jenny!« rief Raffaëla, »ich bin ja starr!«

Und Jenny bemerkte wohl den Erfolg der Affäre und ihrer Person und begann, sich selber zu trösten:

»Aber laß nur gut sein«, sagte sie, »ich hab' ja auch meine Leute an der Hand! Ich hab' ja meinen Freund aus Baden! Heut abend kommt er in die Vorstellung. Ich hab' ja Kavaliere. Ich brauche ja nur ein Wort zu sagen. Brauche ja nur einen Wink zu geben ... Ich laß ihn ins Irrenhaus stecken ...«

»Jenny!«

Aber Jenny, unbeirrt: »Ich laß ihn ins Irrenhaus stecken, meiner Seel. Ich schaffe mir Geld beiseite und geh' mit meinem Freund auf und davon.«

Das schien Raffaëla ein wenig zu abenteuerlich. »Ach, Jenny!« lächelte sie beschwichtigend, und patschte liebreich nach Jennys Hand. »Lottely, schau, wie sie eifersüchtig ist!« Und mästete sich weiter.

»Eifersüchtig?« schepperte Jenny und zog den blauen Schlafrock mit einem Rückfall in frühere chicke Allüren um den Leib, »nichts zu machen! Wir verkehren nicht miteinander. Ich bin nicht eifersüchtig. Ich hab' ihn genommen, weil er ein solcher Bauer war. Weil er mir meine Pakete trug.«

»Raffaëla«, sagte sie in plötzlichem Einfall, »du mußt mir helfen. Wir stecken ihn ins Irrenhaus. Dann machen wir zusammen ein Ensemble. Ich hab' die Kostüme. Du und Lydia, ihr tanzt. Leporello (das war Lydias Partner) wird Direktor.«

»Je, Jenny!« meinte Raffaëla, »du phantasierst ja! Beruhig' dich doch!« Und aß weiter, als müsse sie selbst sich beruhigen.

Schritte auf der Treppe ließen sich vernehmen. Flametti kam zurück.

Er hing den Hut an den Nagel. »So!« sagte er, »das ist erledigt. Wenn die Häsli nicht singen wollen....« »dann tanzt die Mabel«, wollte er sagen. Aber er bemerkte noch rechtzeitig Raffaëla und sagte: »Dann hab' ich Ersatz. Tag, Raffaëla!«

Es sei hier angefügt, daß Traute über das Mittagessen nicht eingesperrt blieb.

»Dummes Zeug!« sagte Flametti, »das gibt es bei mir nicht. Bei mir wird niemand eingesperrt!«

Und Fräulein Traute wurde befreit aus dem Karzer und kam zum Vorschein, den Kopf über und über voll Locken, die sie mit Hilfe von Jennys Himbeersyrup, der im Taubenverschlag auf dem Schrank stand, sehr kunstvoll ge- und entwickelt hatte.

Jenny war keine böse Frau von Natur. Sie war edel, hilfreich und gut. Sie schenkte den Armen und liebte ihre Feinde. Aber sie wußte, was sie sich schuldig war als Flamettis Weib. Einem solchen Manne entsprach eine solche Frau. Wenn sie in engerem Kreise versicherte, diese Person, diese Traute, sei nicht die erste, die sie ins Arbeitshaus bringe, so brauchte man das nicht wörtlich zu nehmen. Es war ein Symbol gewissermaßen für ihre Anschauung, daß ein Mann von der Kühnheit Flamettis einer Frau gewiß zu sein habe, die gefährlich, herzlos, zum Handeln bereit, auch Kanaille sein könne, entschlossen, eiskalt und zu jedem Mittel bereit, wenn es drauf ankam, sich Achtung und Furcht zu verschaffen.

Zu Mittag kamen auch Herr und Frau Häsli; beide ein wenig zerkratzt und zerbeult, aber beide voll Liebe und Güte.

Und daran war nicht zu denken, daß sie das ›Schackerl‹ nicht singen wollten. Im Gegenteil.

Und die Fuchsweide dämmerte. Bucklig und winkelig sank sie mit ihrem Halbhundert Gassen verschmutzt und im Rauch ihrer Herdfeuer grau in den Abend. Die Giebel zerschnitten sich hoch in der Luft.

Die Häuser barsten von Feuer und Licht. Die Osram- und Tristankerzen, die Glasglühlichter und Bogenlampen leuchteten auf. Die Metzgereien und Magazine und Handwerksstätten glühten wie Einkaufsbuden des Teufels.

Man legte die Arbeitsschürzen jetzt ab in den Kellern. Im Hinterhaus, in den Stuben und Giebeln frisierte man sich und machte Toilette.

Los gingen die Grammophone, Orchestrione und das Elektroklavier. Auftauchten verwegne Gestalten beiderlei Geschlechts vor beleuchteten Spiegeln, unter dem Haustor und auf der Straße.

Auf ging der Mond, und in den Konzertlokalen tummelten freundliche Sängerinnen und früheste Zauberkünstler bereits ihre Stimmen.

Schlächtergesellen führten den Wolfshund spazieren. Soldaten riefen sich zu. Ausbündige Eleganz grüßte »Salü!« Hoch aus dem fünften Stockwerk, wie von der Sternwarte weg, probierte Herr Bonifaz Käsbohrer in überschnappenden Tönen sein B-Klarinett, das er mit Hilfe des ›Tagblatts‹ nachmittags eingetauscht hatte gegen ein abgenütztes Veloziped. Dann aufdringlich und bunt: Die Rumänische Damenkapelle begab sich zum ›Blauen Himmel‹. Ein Fräulein knüpfte Bekanntschaften an. Tirolerjodler gingen mit grünen Hüten und Zitherkästen. Ein Komiker kam im Zylinderhut. Drei schäbig gekleidete Herren mit Jockeymützen, wollenen Schal um den Hals, gaben, beim Gehen leicht ihre Schultern drehend, einer pompaduresk hoch aufgeprotzten Dame unerbetenes Geleit.

Und höllenhaft, magisch, radauend und zeternd: die Lichtreklame des ›Krokodil‹ entfaltete ihre chinesisch untereinander geordnete Buchstabenreihe, die vom Dach bis zum Boden reichte. Der ganze ›Mönchsplatz‹ war rot überstrahlt. Die benachbarten Häuserfronten schienen von rotem Licht halb aufgefressen. Die Bummler, Passanten und zeitunglesenden Gruppen der Arbeiter taumelten in einer Flut von Licht.

Im Nebengebäude negerten los: die Pauke und das Tschinell. Über der Straße drüben rupften zwei rivalisierende Damen einander die Federn aus.

›Ich nehme meinen Zauberstab zum zweitenmal in die Hand!‹ schrie es aus der ›Tulpenblüte‹.

›Hei, wie das prasselt und wie das herrlich zischt!
Das sieht nur einer, der in der Hölle ist!‹

stampfte und klatschte es aus dem ›Vaterland‹. Dort schwangen Ferreros ›Lustige Teufel‹ die Zackenspieße.

›Welch wunderschöner Klang
Tönt durch die Straß' entlang!
Jetzt kommt auf Ehr
Das Militär
In Reih' und Glied daher!‹

wetterte es, weniger diabolisch, dafür preußischer, aus der weiter unten gelegenen ›Wasserjungfer‹, wo auch Fräulein Kunigunde, die Schlangendame, zugegen war.

Weiter oben aber, jenseits des Platzes, übertönte den Lärm die wie eine Weckuhr losrasselnde französische Soubrette des ›Café Neptun‹:

»Einrich, laß die Osen runter,
Tu mir den Gefallen!
Laß sie bitte gance erunter
Auf die Strümpfe fallen.«

Unschlüssig schwankte das Publikum zwischen ›Große Trommel‹, ›Infernalische Leidenschaft‹, ›Kaiser Wilhelm‹ und ›Pariser Eleganz‹.

Hier war was geboten! Hier kam man auf seine Rechnung! Und was ein richtiger Dandy war, der von der Welt etwas verstand, entschloß sich überhaupt nicht, hineinzugehen, sondern die Sache mehr platonisch zu genießen, als Schauspiel gewissermaßen, von außen, als Zusammenklang, mit der überlegenen Intelligenz dessen, den die Realität nur als Widerspruch nicht mehr enttäuschen kann.

Noch aber hatte die Fuchsweide ihre letzte Verführung nicht ausgespielt: die Echtheit inmitten einer Welt des Scheins; das Wunder als Resultat unerhörter Perversitäten. Von wem aber konnte man solche Leistung erwarten? Nur von Flametti.

Man staute sich vor den breiten Reklamefenstern des ›Krokodilen‹. Da stand vor dem großen Aquarium voll blaugrauer Karpfen das Plakat der ›Indianer‹: Flametti als Häuptling Feuerschein. So sah er aus! So leibte und lebte er! Das war die Synthese seiner inneren Eigenschaften!

Wer hatte ihn nicht gesehen, mittags um zwölf, wenn man von der Arbeit kam, vor der Haustüre, in Hemdärmeln, gutartig und freundlich? Wer hatte ihn nicht gesehen früh morgens, wenn er mit Jenny vom Markte kam und die Markttasche trug mit den Karotten? Er war nicht immer der Furchtbare, Blutige. Zahm und umgänglich war er privatim, ein friedlicher Bürger viel mehr als ein Menschenfresser.

Unter dem Plakat aber stand: ›Alleiniges Aufführungsrecht: Flamettis Varieté-Ensemble‹, ein Hieb für die Herren Direktoren. Und der Satz: ›Wer die 'Indianer' nachmacht, wird gerichtlich verfolgt.‹

Das Publikum stieß sich und drängte sich; auch vor dem zweiten Reklamefenster. Dort standen die Bildertafeln und ein zweites Plakat: ›50 Mann Blasorchester! Beginn: acht Uhr. Großartiges, allerneustes Programm! Tanz! Tanz! Tanz! Lauter Schlager! Es wird kassiert!‹

Las es und strömte hinein ins ›Krokodil‹. Es kam, sah und strömte: Herr Friedrich Naumann, kurzweg der ›Krematoriumfritze‹ genannt, einer von Jennys scharfen Verehrern.

Es kamen, sahen und strömten: Fräulein Annie nebst Herrn Engel, welch letzterer seinen schwarzen Gehrock angezogen hatte: »Annie!« sagte er, »es wird großartig! Verlaß dich drauf!«

Es kamen und strömten: Raffaëla und ihre Schwester Lydia, sowie deren gemeinschaftliche Mutter Donna Maria Josefa, nebst einer ganzen Anzahl männlicher Zirkusmitglieder, die alle nicht zahlten, weil sie Artisten waren.

Es kam, sah und strömte: Frau Schnepfe, in Begleitung Flamettis und der Hauptfrau im Abendmantel des Herrn Coiffeurs Voegeli. Das Publikum wich ehrerbietig zurück.

Es kamen, sahen und strömten: zwei israelitische Handlungskommis, rote Nelken im Knopfloch; der obgenannte Coiffeur Herr Voegeli, der seinen Regenschirm ausschüttelte; denn es regnete inzwischen. Und späterhin eine ganze Reihe Mannschaften des Fußballklubs ›Hermes‹.

Drinnen aber herrschten Fieber und Spannung. Der ganze Raum war verwandelt in ein Gehänge blühender Rosenranken. Künstliche Lauben aus Birkenruten zogen sich an der Wand lang. Festtagscharakter trug das Lokal.

Die Tische waren sämtlich mit rotgewürfelten Decken belegt. Saftige Kuchen- und Tortenstücke strahlten auf blinkenden Nickeltellern. Die Plattmenagen mit Öl, Pfeffer und Salz warfen gescheuert das elektrische Licht unzähliger kleiner blutroter Birnen zurück. Verschwunden war der getrocknete Rand am Senfnapf. Und so man den Löffel bewegte, der darin steckte: heut war er nicht angeklebt. Es ließ sich bewegen.

Versammelt waren bereits sämtliche Damen von Ruf. Vorne am Künstlertisch, wo sie heute nicht gerne gesehen war, saß Fräulein Amalie in braunem Samtkostüm mit Bolerohut, schon seit halb acht. Den Zwergpintscher hatte sie auf den hohen Busen gesetzt. Das gab ihr viel Air. Ihre Beine, elastische Sägmehlbeine, baumelten unter den Tisch, und sie spielte mit einer der Hängrosenranken. Eine Zigarette rauchte sie. Ihr Verhältnis war Eisenbahner; heute hatte er Nachtdienst. Brillanten blitzten an ihren Fingern. Die spitzigen Halbschuhe aus feinstem Rindsleder reichten nicht ganz auf den Boden. Auch schien das Strumpfband gerissen: die braunen Wollstrümpfe knäulten sich unter den Waden. Das Hündchen aber auf seiner exponierten Stelle drehte den knappen Popo und konnte sich gar nicht genugtun vor Freude, dabeizusein.

Weiter drüben, auf den besten Mittelplätzen, saßen der runzliche ›Totenkopf‹ und seine Schwester. Der ›Totenkopf‹ war die berufenste Dame der Fuchsweide. Allabendlich Gast des Flametti-Ensembles. Weiß geschminkt, die Augenhöhlen gerötet, saß ihr Gesicht auf dem kropfigen Hals. Unruhig schob sie das Hinterquartier auf dem Stuhl hin und her, blickte sich um nach den eintretenden Gästen, band sich das Strumpfband fester und schob währenddessen den sechsten Kuchen zwischen das goldne Gebiß. Sie konnte sich's leisten.

Die Schwester des ›Totenkopf‹ hatte das Ledertäschchen über die Stuhllehne gehängt, tupfte die rote Nase ein wenig mit Puder und Taschentuch, und juckte sich mit dem linken Fuß an der abgewetzten Innenseite des rechten Knies.

An der Wand gegenüber, bescheiden in Rückendeckung, hatte sich Fräulein Annie, die Freundin Engels, ein helles Bier bestellt, ihren Fuchspelz loser gehängt; besah sich die Fingernägel, aus denen sie mittels eines zerknickten Streichholzes die Erdkrumen zu verdrängen suchte, und war sehr besorgt, mit der Manicure nicht fertig zu werden, bevor sich ein Herr mit schottischem Schäferhund, der jetzt eintrat, allenfalls zu ihr setzte, um ihr Gesellschaft zu leisten.

Sie lächelte kopfschüttelnd, als sei sie erstaunt, zu lächeln, konnte jedoch ihren Hals nicht recht drehen, weil ein Furunkel dransaß.

Dieser Furunkel: ein Unglück! Er wanderte über den ganzen Körper. Bald da, bald dort tauchte er auf, gesellte sich andern Furunkeln zu und konnte schon bald den Eindruck erwecken, als sei er ein ganz besonderer Furunkel. Annies fixe Idee war, er möchte von heute auf morgen am Hals verschwinden und zwischen den Zähnen auftauchen. Drum zog sie die Oberlippe stets hoch und die Unterlippe hing ihr vom Munde weg. Doch jener Furunkel tat das nicht.

Der Herr trat näher und sagte verbindlich:

»Wenn Sie gestatten, Fräulein!«

»Oh, bitte!« sagte Annie und nahm zugleich mit dem Stuhl ihre Röcke zusammen, um Platz zu machen. Und in ihr silbernes Etui greifend:

»Rauchen Sie eine Zigarette?«

»Sehr liebenswürdig!« sagte der fremde Herr und zog das Zigarettenetui näher zu sich heran.

Herein trat Fräulein Frieda, der ›Hinkepott‹, aufgetakelt in Seidengrimmer, mit ausgeleierter Hüfte verschoben haxend. Ihr folgte Fräulein Dada in einem Schneiderkleid à la feldgraue Uniform, nach neuestem Schick. Der Unterkiefer hing ihr sehr lang, ein verfettetes Dreieck. Mit den Händen stützte sie sich, im Vorbeigehen, langsam und sehr elegant auf die Tische. Das feldgraue Schneiderkleid machte Furore. Aller Augen sahen nach ihr. Auch diese beiden Damen begaben sich möglichst nach vorne, um in der besten Gesellschaft zu sein und ein wenig zu profitieren vom Rampenlicht.

Neben der Bühne aber versammelte sich das Orchester des Herrn Fournier: fünfzig Mann mit Schlagzeug und Baßtrompeten.

Die Lehrmädel, Jenny und die Soubrette erschienen in tangofarbenen Babyhängern, Schleifen im Haar, neigten die Köpfe, schwänzelten, nickten den Gästen zu und gruppierten sich um den Künstlertisch.

Engel vom Vorhang aus machte verrenkt pathetische Zeichen zum Büfett für die Beleuchtung. Sein Gehrock flatterte. Hinter der Bühne zog es. Herr Meyer entfaltete die Noten seiner Begleitmusik und probierte, für alle Fälle, das Pedal. Er war auf der ganzen Linie für Pedalisierung. Ein Leben ohne Pedal schien ihm scheußlich und abgeschmackt. Flametti, den Herrn Farolyi vom Zirkus Donna Maria Josefa mit vorgestreckter Hand fachmännisch begrüßte, wischte sich mit dem Sacktuch über die Stirn. Jenny stellte die Kasse nebst Zubehör auf den Künstlertisch. Und Fräulein Traute, den Kopf wippend voll Locken, setzte sich plumpsend daneben.

Herr Häsli hatte eben noch Zeit, seine Krawatte zurechtzuzupfen. Frau Häsli, den Brustlatz ihrer Tochter zu arrangieren. Dann begann's.

»Mtata, mtata, umba, umba, umba, umba!«, und Herr Fournier schlug mit dem Taktstock, als wär's eine Peitsche. Die Musik ging denn auch merklich vorwärts. Nur der linke Trompeter, der die Posaune bediente, kam nicht zurecht. Doch das war jetzt nicht mehr von Belang. Los ging die Musik, daß die Schwarten knackten.

»Ptuhh dada dada da, umba, umba!« blies die Baßtrompete in idealer Konkurrenz mit Pauke und Schrummbaß. Dieser Schrummbaß war die Spezialität des Herrn Fournier. Es war phänomenal.

Immer mehr Volks strömte hinzu. Soldaten kamen, rote Gesichter, silberne Epauletten, und saßen zu beiden Seiten eines mittleren Längstisches wie Ruderer bei der Regatta. Studenten warfen mit Schokoladeplätzchen verstohlen nach der festlich grinsenden Rosa, die, von Tisch zu Tisch Billette verkaufend, gar artig die Beine setzte. Rechts von der Bühne, nahe beim Künstlertisch, steckte Fräulein Güssy in Eile der Soubrette eine halb aufgeblühte Rose ins Haar. Herr Häsli suchte die Noten heraus. An der Kasse, mit Frau Schnepfe, saß Jenny, gravitätisch, bonzenhaft, ihrer Bedeutung vollkommen bewußt; die Repräsentation verkörpernd. Neben ihr Traute. Auch Güssy und die Soubrette eilten jetzt mit Billetten ins Publikum. Frau Häsli trat mit dem Fuß den Takt zur Musik.

Toni, die Tochter, äugte nach Kavalieren. »Dadadadada umba, umba, um!« machte die Musik. Sie war angekommen am Ziel. Das Stück war zu Ende.

Langsamer Beifall erhob sich. Flametti fuhr sich nervös durchs Haar.

Er schob sein Röllchen zurück, nahm einen Schluck Helles. Dann trat er vor und sprach:

»Meine Damen und Herrn! Ich heiße Sie herzlich willkommen und danke Ihnen für Ihren zahlreichen und glänzenden Besuch. Ich gebe mir die Ehre, Ihnen mitzuteilen« – lautlose Stille –, »daß es mir gelungen ist, Ihnen heute abend ein ganz besonders interessantes Programm zu bieten. Herr Generalmusikdirektor Fournier mit seiner fünfzig Mann starken Eisenbahnerkapelle hat Ihnen bereits eine Probe seiner bewährten Kunst vorgelegt. Er wird bei uns bleiben nicht nur bis elf, wie sonst üblich ist, sondern bis drei Uhr. Denn: es wird getanzt.

Sie sagen vielleicht: wie kann man hier tanzen, unter den Heckenrosen? Aber das ist gerade die Kunst. Wir werden den Frühling in Herbst verwandeln durch Aufgebot unserer dienstbaren Geister vom ›Krokodil‹ und Umgebung. Durch eine geheimnisvolle Mechanik hat unser Gastgeber, Herr HOTELIER Schnabel, es möglich gemacht, im Handumdrehen die hängenden Gärten der Semiramis in ein Palais Mascotte, ein Moulin Rouge, in ein Tivoli zu verwandeln.«

Flametti lächelte. Der ›Totenkopf‹ warf ihm mit offenem Mund befremdete Blicke zu.

»Meine Damen und Herrn!« fuhr Flametti fort, »Das ist ja ein Schmus, was ich Ihnen da sage. Das merkt ja der Dümmste. Das ist ja Stuß. Aber Sie sehen heute zum erstenmal hier das berühmte Jodlerterzett Häsli aus Bern, dessen Scherzos und herzquickende Jodlerlieder –« – Flametti sah sich nach Frau Häsli um – »Ihnen einen Begriff geben werden, mit was für angenehmen, soliden und renommierten Künstlern Sie es zu tun haben. Ich führe Ihnen sodann zum erstenmal hier im ›Krokodil‹ unseren Herrn Damenimitator Arista vor:

›Nur immer raus damit, nur immer raus damit!

Wozu haben wir's denn? Na ja!‹«

Flametti kam in Stimmung. Er zitierte und gab Probegesten....

»Ich führe Ihnen endlich hier zum erstenmal ›Die Indianer‹ vor, verfaßt von meinem Freunde St. Rotter, Conférencier und Improvisator am Germania-Cabaret. Meine Damen und Herrn! Keine richtigen, echten, wirklichen Indianer. Keine Sioux, Apachen, Komantschen. Keiner wird mit die Ketten rasseln wie auf dem Jahrmarkt, oder auf der Mess' z' Basel. Sie brauchen keine Angst zu haben. Es schreckt nicht. Es passiert Ihnen nichts. Sondern: Sie sehen die Wirklichkeit. Das aussterbende Volk der Indianer auf dem Kriegspfad. Die Rache und die Verklärung. Den Häuptling mache ich selbst.«

»Ich selbst«, wiederholte Flametti, indem er in Selbstpersiflage komisch an sich hinunterstrich. »Die Musik macht Herr Meyer«, und stellte mit einer seitlichen Handbewegung den Pianisten vor.

»Sie werden dieses Ensemble sehen und ergriffen sein. Sie werden uns staunend Ihren Bekannten rekommandieren, wenn es Ihnen gefallen hat.

Sie können sich denken, daß solche Ausstattungspiècen bei den heutigen Zeiten fast unerschwinglich sind. Sie werden befürchten, daß eine Extrakassierung stattfinden wird. Nichts von alledem! Wir kassieren wie sonst. Ohne Extraerhebung. Dafür hoffe ich aber, daß auch Sie sich erkenntlich zeigen und ein wenig tiefer in den Geldbeutel greifen. Besonders die ›Galerie‹. Bei der Kassierung bleibt die Toilette geschlossen. – Wir beginnen also jetzt mit dem Eröffnungslied. Mister Bobby wird Ihnen sodann seinen neu einstudierten Kautschuk- und Exzentrikakt vorführen.«

Er trat zurück. Freundlicher Beifall erhob sidi: man dankte fürs Arrangement.

»Sehr hübsch«, sagte Donna Maria Josefa überrascht zu Herrn Leporello, demselben Herrn Leporello, den Jenny morgens im Gespräch mit Raffaëla als Direktor bezeichnet hatte.

Mister Bobby, der Exzentrikmann, war inzwischen ebenfalls erschienen, in schillerndem Eidechsenkostüm; einen hellbraunen, vom Regen verwaschenen Sommerpaletot über den Schultern, Zigarette rauchend.

Man diskutierte die zart gesetzte Rede Flamettis und stimmte allseits darin überein, daß Flametti in solchen sarkastisch-sachlichen Gängen unübertroffen sei.

Der Ausfall gegen das Jodlerterzett, bei aller Anerkennung der Häslichen Leistungen, bildete eine ganz besondere Sensation. Solcherlei Ausfälle liebte Flametti. Sie erweckten im Zuschauerkreis ein Interesse, das über die rein artistische Leistung hinaus die Person des Artisten auch von der menschlichen Seite ins Auge faßte. Sie boten Flametti Gelegenheit, zu privaten und häuslichen Dingen summarisch Stellung zu nehmen. Der Vortrag vor Öffentlichkeit und Gesellschaft wurde in seinen Händen ein starkes Mittel, die Seinen an exponierter Stelle im Zaume zu halten.

Frau Häsli war denn auch reichlich aufgebracht.

»Flametti!« stellte sie ihn zur Rede, »das war nicht nötig! Das haben wir nicht verdient um euch. So eine Blamage! Ich hab' nun gesehen, wie man mit uns verfährt. Ich habe nie nötig gehabt, im Häuschen zu sitzen!«, – das war eine Anspielung auf Jennys Vergangenheit –, »na, gut, daß ich's weiß.«

Hastig strich sie sich die Löckchen aus der Stirn.

»Jenny«, rief sie, »das hätte ich nicht erwartet. Pfui Teufel. Da sieht man's!«

Auch Häsli fand solche Manier despektierlich. Er spuckte aus. Sagte aber nichts. Rosa feixte.

Es war keine Zeit, sich aufzuhalten.

»Fort, Kinder! Anfangen, anfangen!« drängte Flametti. »Engel, den Vorhang! Fertig? Herr Meyer!«

Die Mädel rannten hinter die Bühne. Flametti stürzte sein Helles hinunter. Der Zwergpintscher auf Fräulein Amaliens Busen kläffte, weil ihn Amalie kitzelte. Die Rosenlauben schwankten. Das Publikum rückte gespannt auf den Stühlen. Klingelzeichen. Der Vorhang ging auf, und in einer Reihe standen: Jenny, Rosa, die Soubrette, Fräulein Güssy und Fräulein Traute; alle in Tangokostümen. Rot, blau, grün, gelb, violett die Schleifen im Haar. Überflutet von Bühnenlicht. Ein zärtlicher Anblick.

Die hochgeschminkten Gesichter strahlten. Die fünf Paar Beine in farbigen Seidenstrümpfen standen adrett geschlossen, Kadettenbeine. Die duftigen Hänger in süßen Farben stützten kokett die baumelnden Lockenköpfe.

Mehr oder weniger Busen sog sich voll Luft. Herr Meyer schlug den Akkord an. Die ziegelrot übermalten Münder öffneten sich, und ein Frühlings-Begrüßungsmarsch erfüllte die Bühne, das Publikum und die Rosenlauben mit unternehmendem Marschrhythmus:

›Freunde, rasch voran, laßt die Becher kreisen!
Heiter immerdar Lieb' und Jugend preisen.
Freude nur allein kann das Leben schönen.
Schenket Kraft, spendet Mut, macht die Alten jung.‹

Der Beifall wurde lebhaft. Das Orchester richtete seine Instrumente und die Notenblätter her für die zweite Unternehmung. Das Publikum kam in Stimmung.

Gläser klapperten. Stimmen schwirrten. Satzfragmente zerknäulten sich im Zigarettenhimmel. Die Kellnerinnen riefen einander zu und Herr Schnabel legte die Hand an die zurückfliehende Stirn wie ein kleines Dach und übersah das Gewühl. »Mehr Stühle!« Man schleppte noch Stühle herbei.

Die Kassierungen kamen herein: Glänzend! Exzentrik-, Zauber-, Gesangs- und Ensemblenummern lösten einander ab in wohlarrangierter Steigerung. Zwischenmusik: die Kapelle des Herrn Fournier.

An der Kasse aber saß einheimsend Jennymama, Silber- und Kleingeld ordnend, Fünffrankenscheine wechselnd, die ankommenden Muschelschalen ihrer kassierenden Damen so distinguiert in die Kasse kippend, als fürchte sie, sich die Finger zu netzen.

Und als Fräulein Amalie mit dem Pintsch so nebenhin fragte: »Gutes Geschäft?« erhielt sie die sehr reservierte Antwort: »O ja!«

Frau Schnepfe, obgleich es ihrem Geschäftsinteresse zuwiderlief, konnte sich nicht versagen, anzuerkennen, wie hübsch der Saal arrangiert, wie interessant das Programm und wie tüchtig Herr Fournier sei.

Und Traute nahm die Gelegenheit wahr, sich ein wenig zu beschäftigen, indem sie Frau Schnepfes Halsbördchen schloß, dessen mittlerer Druckknopf entgegenkommenderweise verbogen war und allen Versuchen, ihn mit der Nabe zu einem Ganzen zu vereinigen, beharrlichst widerstand.

Was für einen langen Hals die Frau Schnepfe hatte! Und wie sie nach ›Wurmsamen‹ roch!

Mittlerweile hatte nun Jennymama ein Portemonnaie da, nahm eine Handvoll Silber, tat es hinein, stand auf, ging zu Herrn Meyer ans Klavier und sagte:

»Lieber Herr Meyer«, flüsternd, »ach, nehmen Sie doch mein Portemonaie zu sich bis nachher! Es stört mich beim Umziehn. Ich habe keine Tasche im Kleid. Gell ja?« Und legte Herrn Meyer vertraulich die Hand auf die Schulter.

Und Herr Meyer steckte das Portemonnaie zu sich, ohne viel Worte zu machen, und wischte die schweißenden Tasten ab.

»Dank' Ihnen!« sagte Jennymama, »puh, welche Hitze!« und streckte sich im Korsett, daß das Fischbein knackte, und setzte sich wieder zur Kasse.

Und Traute stand auf, unauffällig, duckte sich, schlich zu Flametti und raunte hastig mit fliegenden Augen an ihm empor:

»Man nimmt Geld aus der Kasse!«

»Wer?«

»Jenny!«

»Dann gib acht, wieviel sie nimmt!«

Und Traute fühlte: Triumph!, setzte sich harmlos wieder zur Kasse und begann ein Verlegenheitsspiel mit Amaliens Seidenpintsch.

Jenny fiel auf, daß die nicht von der Stelle wich.

»Zieh' dich um!« rief sie, »die ›Nixen‹ kommen!«

»Ist noch Zeit!« flegelte Traute sich hin, »erst kommt ja noch Engel!«

Kam auch. Mit seiner Ausbrechernummer.

»Sie sehen hier eine Kiste...«, rief Flametti auf der Bühne und klopfte mit einem Hammer eine große quadratische Holzkiste ab. »Aus solidem Holz«, und drehte die Kiste nach allen Seiten. »Stand auf dem Hofe der Firma Maulig & Kopp bis gestern. Kein Schwindel! Innen fest, außen fest. Keine Einlagebretter! Keine Vexierwand. – Ich werde Monsieur Henry (das war Engels Bühnenname) in diese Kiste legen....«

Engel war bereits gefesselt und in einen Sack eingenäht...

»Ich werde die Kiste verschließen!«...er legte den Deckel drauf...»Sie selbst, meine Herren«, zum Publikum gewandt, »werden die Kiste vernageln.«

Eine Bewegung ging vor sich im Publikum. Mutter Dudlinger kam; spät, doch sie kam; in Begleitung des ihr ergebenen Herrn Pips, der von Beruf ein Student war.

Man mußte aufstehen, damit Mutter Dudlinger durchkonnte. Man wurde gestört, weil droben gerade der interessanteste Teil der Nummer verhandelt wurde. Man nahm Ärgernis, machte Bemerkungen, ward unwirsch.

»Setzen!« rief man von hinten.

»Ruhe!« rief man von vorne.

Mutter Dudlinger stand eingepfercht in der Mitte, gutmütig lächelnd, Popoansätze am ganzen Körper, gestützt auf den Regenschirm. Vom Velvethut nickte die goldene Troddel. Vom

Antlitz tropfte die Anstrengung. Am Korsett stieg ihr der Rock hoch, weil sich der Leib darunter, von rechts und links eingezwängt, nicht anders zu helfen wußte.

Warum kam sie auch so spät?

Weil sie zu den Eingeweihten zählte. Weil sie wußte, daß vor halb zehn Uhr nichts von Belang gegeben wurde, was sie nicht kannte.

»Sie selbst, meine Herren«, betonte Flametti mit ingrimmig rollenden Augen und einem vielsagenden Blick auf den ›Frauenverein‹, von dem einmal wieder die Störung kam, »sie selbst, meine Herren, haben Gelegenheit, die Kiste zu prüfen, den Deckel daraufzunageln.«

Jenny winkte Mutter Dudlinger zu, unterdrückt, aber deutlich:

»Hierher, Mutter Dudlinger, hier gibt es noch Platz!« und deutete dabei auf einen freigewordenen Stuhl in der ersten Laube, die an den Künstlertisch grenzte.

Aber Mutter Dudlinger blieb stehen, lächelnd ob soviel Güte. Mit dem schwitzenden Zeigefinger lüpfte sie eingegergelt das samtene Kropfband. Mit dem Regenschirm gab sie Erklärung, sie wolle lieber an Ort und Stelle warten, bis diese Nummer vorüber sei.

Herr Pips seinerseits versuchte mit plötzlichen, wohlorientierten und freudige Überraschung bekundenden Gesten Jennymama zu bedeuten, der Herr Krematoriumfritze säße ja ganz in der Nähe, und ihm, dem Herrn Pips, sei es unverständlich, wie Jennymama bei der langweiligen Kasse sitzen könne, statt hier, hier, hier bei dem Krematoriumfritze.

Der Herr Krematoriumfritze aber verleugnete völlig jedes Interesse. Breitknochigen Angesichts saß er finster vor seinem Veltliner, Zigarre rauchend, und tat, als ob er die Jenny nicht sähe noch sehen wolle, heimlich doch gar voll schnackelnder Gedanken.

Es ist so schwer, Gefühle bemerkbar zu machen. Am besten, man tut, als habe man keine, noch irgendwelche Absichten. Möglich auch, daß sein ingrimmiger Ernst von seinem Beruf herrührte. Wenn man jahraus, jahrein Leichen verbrennt, kann man nicht ohne weiteres und im Handumdreh'n das Gehaben finden, das eine Primadonna bestrickt. Deren in Fleischeslust bebende Schwanenbrust hatte er längst bemerkt – so mal seitwärts –, und wieviele Fünfliver er in der Tasche hatte, wußte er auch.

Und Herr Pips wieder seinerseits, der dies mißverstand, suchte Herrn Naumann – Friedrich Naumann hieß der Herr Krematoriumfritze, genau wie der deutsche Nationalökonom – diskret auf Jennymama hinzulenken, ebenfalls mit Gesten. Doch gelang es ihm nicht, ein gegenseitiges Verständnis zu erzielen.

»Sie sehen«, sagte Flametti und stürzte die Kiste, »die Kiste ist völlig geschlossen.«

»Wissen wir schon!« sagte Herr Pips halblaut und winkte ab mit der flachen Hand.

Die Gäste seiner Umgebung wußten sofort: der gehört zur Familie. Und dem war auch so. Herr Pips war der erklärte Freund der Artisten, häufigster Gast Mutter Dudlingers und der Flamettis. Er bezog einen Monatswechsel von dreihundert Franken.

Es kam, wie es kommen mußte: auch diese Pièce war schließlich zu Ende. Man machte Platz und Mutter Dudlinger und Herr Pips fanden Unterkunft in der Rosenlaube, wo sich Herr Pips sofort unbehaglich fühlte, weil er nicht nach Wunsch Fühlung nehmen konnte.

Das Orchester spielte den Hindenburgmarsch, breit, wuchtig und forsch, wie es der Denkungsart dieses obersten Heerführers entspricht, als eben mit ihrem Impresario Miß Ranovalla de Singapore eintrat, ein siamesisches Gegenstück zu Mutter Dudlinger, schwarz von Gesicht, ein zinnoberrotes Mäntelchen um die Schultern gehängt, aufgeputzt wie ein Affe.

Und das Häsliterzett sang soeben das ›Schackerl‹, als wie auf Verabredung auch Herr Direktor Ferrero erschien, der heute abend nicht spielte.

Einige Gäste, die zur Bahn mußten, standen auf. So bekam er rasch Platz, abseits vom Künstlertisch.

»Schackerl, Schackerl trau di net!« gingen Mutter und Tochter singend mit neckischem Mienenspiel und erhobenem Zeigefinger auf den unglücklich die Mitte behauptenden Häsli los.

»Trau mi net«, erwiderte Herr Häsli ängstlich und sehr verschüchtert, aber mit einem plötzlichen Aufschauen und Horchen, das unsagbar drollig wirkte.

»Hoam zu deiner Alten«, sangen Mutter und Tochter, indem sie ihn ausspotteten.

»Dreahn ma lieber weiter no«, sangen alle drei und faßten sich bei den Händen. Die Musik hielt drohend das ›no‹ aus.

»Trink ma no an Kalten!« sank die Musik.

»An Kalten«, wiederholte Herr Häsli mit aufleuchtendem Grinsen, und persiflierte Bauerneleganz.

Die Liebenswürdigkeit seiner Damen war bezaubernd. Sie waren so recht in ihrem Element. Und Herr Häsli machte also doch ›das Kalb‹.

Die Musik aber – hier begleitete nicht Herr Meyer, sondern das Orchester – feierte eine Orgie.

Hörner, Piston, Baßklarinett; Tuba, Trommel und Fagott schrieen, zeterten, kreischten, gröhlten. Die Schallöcher der Trompeten stachen wie Sternwartenrohre nach allen Seiten gelb in die Luft; sie spieen Musik. Die Augen der Bläser verdrehten sich und drohten als blanke Kugeln aus ihren Höhlen zu fallen. Die Disharmonieen zerfetzten einander. Und Herr Fournier, der für das Ganze verantwortlich war, gebärdete sich wie ein Wilder.

»Kriagst dei Murrer sowieso...«

»sowieso«, nickte Herr Häsli vergelstert. Das ganze Lokal brüllte mit: »sowieso«. Die Damen kreischten auf, weil sie sich in einer Eigentümlichkeit ihres Idioms erkannt sahen.

»Tu' jetzt drauf vergessen«, lenkten Frau Häsli und ihre Tochter ein; mit ihnen die Musik, die plötzlich zartest und pianissimo wurde.

»Laß dei Alte Alte sei!« johlte die Musik – Herr Häsli improvisierte ein »Juhu!«, das er mit einem Freudensprung begleitete, und schlug sich auf sein nacktes Tirolerknie –

»Die wird di net fressen.«

»Net fressen«, wiederholte Herr Häsli mit täppischer Sorglosigkeit, begleitet von der magenerschütternd drohenden Baßtrompete, die wie der ›Murrer‹ der Alten klang, so daß Herr Häsli entsetzt und mit offenem Mund nach Herrn Fournier stierte.

Der lächelte. Das Publikum raste. Die Rosenhecken wackelten. Einem Herrn fiel der Kneifer herunter. Der ›Totenkopf‹ streckte die Beine weit von sich und hielt sich den Leib vor Lachen. Annie bog sich vor Lachen wiehernd auf die Seite zu ihrem Kavalier, daß sich die Köpfe berührten.

»Hoh, hoh!« brüllte die ›Galerie‹.

Flametti allein schmunzelte nur.

Und jetzt begann der Jodler:

»Hollo dero hi, hollo dero....«, schnackelten, klatschten und plattelten die drei auf der Bühne. Es war überwältigend. So ein Erfolg war noch nicht. Unerhört! Festrausch verbreitete sich. Das war Stimmung!

»Jesses, Jenny!« rief Fräulein Amalie voller Entzücken und doch kopfschüttelnd, »›Trau mi net‹: wie er das singt! Wie er das singt!«

»Kassieren!« rief Jenny.

Rosa, Güssy und die Soubrette rannten mit den Muscheln.

»Los, kassieren!« schrie Jenny auch Fräulein Traute zu, die noch immer am Tische saß und nicht von der Kasse wich.

Fräulein Amalie nahm die Gelegenheit der Pause wahr, einmal hinauszugehen. Frau Schnepfe stand auf, um die Häslis und Flametti zu beglückwünschen.

»Gehen Sie doch selbst kassieren!« antwortete Traute gereizt, aber schlicht.

»Gehst du kassieren oder nicht?« drohte Jenny unterdrückt, um keinen Skandal zu machen.

»Ich habe hier aufzupassen!« antwortete Traute.

»Was hast du hier?«

»Aufzupassen«, sagte Traute. »Sie nehmen Geld aus der Kasse.«

»Was tu' ich, Lumpenmensch?« knirschte Jenny und packte Traute trotz Publikum und Konzert über den Tisch beim Kragen.

»Lassen Sie mich los!« rief Traute. »Ich habe den Auftrag, aufzupassen. Ich habe gesehen, wie Sie dem Pianisten Geld zustecken. Ich kann aber jetzt auch gehen, wenn Sie wollen. Ich habe keine Lust, mich von Ihnen mißhandeln zu lassen. Sie werden das weitere sehen. Sie sind abgesetzt. Sie machen für uns die Kassiererin solange, bis wir uns eine andere nehmen.«

»Max!« rief Jenny und fegte hinter die Bühne, »Max!« ganz hysterisch. Das war ihr zuviel! Man wurde aufmerksam, reckte die Hälse. Traute zuckte die Achseln, mitleidig, und schnickte mit dem Kopfe.

Da spürte Jenny eine Hand auf ihrer Schulter und drehte sich um. Der Freund aus Baden stand hinter ihr.

Auch er war gekommen, soeben, hatten den Steifen noch auf dem Kopf, den Regenschirm hängend am Arm. Schnurrbart kurz aufgekräuselt. Paletot zugeknöpft, Teilhaber der Firma Seidel & Sohn, Wäsche engros.

»Na, was gibt es denn, Jenny?« fragte er ruhig, begütigend.

»Ah, guten Abend!« faßte sie sich, »nichts weiter.«

»Setz' dich doch her!« sprach er ihr zu, hing Paletot, Hut und Schirm an den Haken, und setzte sich, seinen Smoking glättend, zum Künstlertisch.

»Nichts, nichts!« versicherte Jenny.

»Na, siehst du!« meinte Herr Seidel, stolz auf die Suggestion, die auszuüben er sich befähigt fühlte.

Traute ging selbstgefällig in die Garderobe. Sie hatte es ihr gegeben, dieser Bordelldame.

Flametti kam und fragte ein wenig unsicher:

»Was gibt's?« und begrüßte Herrn Seidel. Frau Häsli saß bei Direktor Ferrero.

»Siehst du dort?« zeigte Jenny auf das verhandelnde Paar.

»Meinetwegen!« zuckte Flametti die Achseln. »Wer kassiert?«

»Rosa, Güssy und die Soubrette.«

»Wo ist die Traute?«

»In der Garderobe.«

»Gut!« sagte Flametti, sehr in Gedanken, und setzte sich, aufgedunsen und abgehetzt, an Donna Maria Josefas Tisch.

»Das ist ja fabelhaft!« glückwünschte Herr Farolyi, der Kunstreiter, und schob Flametti einen Kognak hin. »Na, *ihr* habt euch ordentlich rausgemacht!«

»Jo!« meinte Flametti wegwerfend, stürzte den Kognak, stand auf und begrüßte Miß Ranovalla.

Das Lokal war jetzt überfüllt. Wenn das Orchester spielte, verstand man sein eigenes Wort nicht mehr.

Herr Arista war ganz vergebens bemüht, sich Geltung zu verschaffen.

»Nur immer raus damit, nur immer raus damit!« sang er in hohem Diskant. Ein Schleppkleid trug er, reichlich mit Spitzen besetzt. Seine Allüren waren von jener holzigen Grazie alttoskanischer Edelfrauen.

Aber man hörte ihn nicht. Vergebens kämpfte er gegen das laute Interesse der animierten Habitués. Man sah nur die Gesten, die zu besagen schienen, daß er sich übergeben wolle. Man fand es dégoutant. So sehr Dandy war man schon, daß man die Aristokratie im großen und ganzen gelten ließ. Es bedurfte so peinlicher Hinweise auf deren Materialismus nicht, um ihn abzulehnen.

Es war indessen ein Mißverständnis. Die Gesten des Herrn Arista bezogen sich auf seinen Busen, ganz und gar nur auf seinen Busen, von dem das Couplet von A bis Z handelte. Damen, Damen, Damen stellte er dar. Aber eben: man verstand ihn nicht.

Herr Pips gab die Anschauung von sich, ein Damenimitator überhaupt sei ihm widerlich.

»Nicht Fisch, nicht Fleisch.«

»Komm doch mit mir, mein Auto steht draußen!« arbeitete Herr Seidel von der Firma Seidel & Sohn an Jenny, »mein Auto steht draußen. Du brauchst nur einzusteigen.«

»Umziehen! Indianer!« drängte Flametti vorn bei der Rampe.

»Jetzt kommt's!« sagte Engel zu Annie, einen Moment über ihren Tisch gebeugt mit aufgestützten Händen und ohne Rücksicht auf den zigarettenrauchenden Kavalier. »Na, es ist ein Erfolg!«

»Sehen Sie die kleine Soubrette?« sagte Frau Schnepfe zu Mutter Dudlinger, »wie die kassiert! Die versteht's! Das ist ein Geschäft!«

»Geschäft glänzend!« erwiderte Mutter Dudlinger, ganz verfettet, doch freundlich sympathisierend. Flametti war ja ihr vorzugsweise begünstigter Protegé.

Der ›Totenkopf‹ und seine Schwester aber standen auf mit zwei Kavalieren, die etwas wüst aussahen, und verließen ostentativ das Lokal. Ostentativ bezüglich einiger ihrer Kolleginnen, die denn auch nicht ermangelten, den Abgang spitz zu glossieren.

»Mba, mba, mba!« dröhnte die Musik.

Und Herr Direktor Farolyi vom Zirkus Donna Maria Josefa, ein Pferdekenner wie kein zweiter, Flamettis erklärter Freund, kam aus der Garderobe, steifte sich auf vor der Rampe, klopfte ans Glas und sprach:

»Meine verehrten Herrschaften! Sie erleben jetzt die Sensation dieses Abends. Unser Freund Flametti wird Ihnen jetzt seine von St. Rotter bearbeiteten ›Indianer‹ vorführen. Gestatten Sie mir, mit kurzen Worten meiner Freude über den wohlgelungenen Abend und meiner Bewunderung für unsren verehrten Flametti Ausdruck zu verleihen. ›Die Indianer‹: welche Gefühle durchwandern unsere Brust beim Klang dieses Wortes! Welche Ahnungen entzücken das Herz! Welche Hoffnungen und Erinnerungen liegen darin begraben! Der Rausch unserer Kindheit, die Freude unserer Mannbarkeit! Wer hoffte nicht selbst, als Indianer die Gefilde unserer Heimat zu durchschweifen. Wem zuckt die Hand nicht nach Feuerwasser, dem Bowiemesser, nach dem Skalp unserer Feinde!...«

Die Damen lächelten hold. Die Augen ihrer Freunde blitzten verständnisinnig, verlegen.

»Wir alle kennen die Namen unserer Unterdrücker. Ich brauche sie nicht zu nennen....«

Herr Detektiv Steix, der auch von der Partie war, zog sein Notizbuch heraus und notierte sich etwas.

»Wir alle lieben die Freiheit, die Pferde, den Wigwam, den Kriegspfad.

Das alles sehen Sie in den ›Indianern‹, die unser verehrter Freund Ihnen jetzt vorführen wird. Sie sehen sogar noch mehr. Rache und Vergeltung im Jenseits.

Unterdrückt von der brutalen Gewalt der Eindringlinge müssen sich die Indianer verstecken in Urwald und Sumpf, zwischen Nattern und Schlangen. Das sind wir, lieber Leser, das sind wir, teure Freundin. Die Luft unseres stillen Quartiers wird mehr und mehr erfüllt von den Klagen der Opfer, die sich die Polizei herausgreift. Das Volk der Indianer geht dem Verfall entgegen.

› Doch dort oben in dem ew'gen Jagdgebiet
Singt der Indianer Volk sein Siegeslied‹,

und so schließe auch ich mit dem Ausruf:

›Doch dort oben in dem ew'gen Jagdgebiet
Singt der Indianer Volk sein Siegeslied.‹

In diesem Sinne erhebe ich mein Glas und stoße an auf das Wohl und Gedeihen, das Glück und Genie unseres einzigartigen Flametti. Er lebe hoch!«

Herr Farolyi, der Ungar, hatte sein Glas erhoben und leerte es in einem Zug.

»Flametti, der Häuptling, hoch! Flametti, Flametti!« tobte das Publikum. Man stampfte und johlte...

Der Vorhang hob sich. Leer war die Bühne, und die ›Indianer‹ fanden statt.

Erst die Ouvertüre mit den worgelnden Donner-und Blitz-Akkorden.

Dann der Kriegspfad:

›Die Letzten von dem Stamm der Delawaren,
Die Kriegerscharen
Der Delawaren – – –‹

Dann der zweite Vers:

›Wenn man das Letzte uns genommen,
Wenn unsre Besten umgekommen,
Ziehn Falkenaug' und Feuerschein
Zum großen Geist dort oben ein.
Dann heben sich die Roten Brüder
Zu neuem Reich und Glanze wieder,
Und es erreicht das Blaßgesicht
Für seinen Raub ein Strafgericht.‹

Dann der dritte Vers, den Herrn Farolyi als Ausklang zitiert hatte:

›Und dort oben in dem ew'gen Jagdgebiet
Singt der Indianer Volk sein Siegeslied.
Einmal wieder ziehn wir noch auf Kriegespfad,
Einmal noch, wenn der Tag der Rache naht.‹

Und die Lichter im Saal waren verdunkelt. Und die Indianer, Flametti, Jenny, die Soubrette, Fräulein Rosa, Fräulein Güssy und Fräulein Traute schwenkten die roten Laternchen, in hohem Federschmuck, und sangen so monoton-klagend, so herzergreifend-verschollen, daß Fräulein Amalien und Mutter Dudlinger die Tränen in die Augen traten; daß Herr Meyer plötzlich glaubte, er habe falsch gespielt, und infolgedessen für einen Moment wirklich daneben griff; daß Engel beim Vorhang seine Erregung nicht anders mehr bemeistern konnte, als indem er zitternd eine Zigarette anzündete; und Herr Farolyi, der wieder bei Donna Maria Josefa saß, ein über das andere Mal ausrief: »Macht er wirklich hübsch, der Flametti!«

Gewiß hätte jetzt auch Herr Rotter seine Freude gehabt; denn die Nasen, besonders die Flamettis, waren überraschend gut geklebt. Und für den dritten Vers hatte sich Max eine so prachtvolle Apotheose ausgedacht, – er allein stand aufrecht. Die Weiber knieten mit gesenkten Köpfen und Lanzen um ihn herum. Dann sprangen alle auf, ganz vor an die Rampe in eine Reihe, und drohten mit geschwungenem Tomahawk –, daß auch der stumpfeste Batzenbengel solcher Auffassung Unübertrefflichkeit hätte zusprechen müssen. Besonders die Damen hielten sich über Erwarten gut.

Es war ein runder, glatter Erfolg.

»Flametti! Flametti! Feuerschein!« schrieen die ›Roten Brüder‹, als der Vorhang fiel und sich noch einmal hob.

Herr Farolyi in vehementem Enthusiasmus, ging klatschend bis vor die Rampe. Donna Maria Josefa winkte mit Flatterhand. Mutter Dudlinger, die so selbstlos den Fünfzigfrankenschein vorgestreckt hatte, strahlte ein Strahlen, das über das ganze Lokal hinstrahlte. Miß Ranovalla de Singapore, speckiges Wunder, stand auf und ließ ihre beschatteten Augen schweifen. Sie empfand die Exotik dieser ›Indianer‹ als eine ihr ganz persönlich gewidmete Ovation. Und Flametti verbeugte sich bärig, lächelnd, mit leuchtenden Jungensaugen, ob all dem Glück und Erfolg.

Die Musik intonierte, wie auf Verabredung, den Missouristep, von Engel mit selbstgefertigtem Plakat zu Bewußtsein gebracht. Bobby zog seinen Sommerpaletot aus und paradierte in glitzernd zur Schau gestelltem Eidechsenkostüm.

»Flametti! Flametti! Feuerschein raus!« tobte das Publikum immer noch, und Flametti mußte allein erscheinen. Kühn, leuchtend und groß stand er inmitten der Bühne, Delaware von Kopf bis zu Fuß, Held dieses Abends, Würdenträger und Häuptling seines Reviers.

Nach der Kassierung aber kamen die dienstbaren Geister vom ›Krokodil‹ und Umgebung und räumten mit Hilfe des Publikums die Rosenhecken weg, soweit sie im Wege waren. Ein anstoßender zweiter Saal wurde geöffnet. Eine Vermischung des Varieté-Ensembles mit dem Publikum fand statt: es wurde getanzt.

»Nein, Jenny, was ihr für ein Glück habt!« rief Raffaëla, »ich muß mich ein bißchen zu euch setzen!« und sah Jenny träumerisch in die Augen.

»Fräulein Raffaëla«, stellte Jenny vor, »Herr Seidel, mein Freund aus Baden; Fräulein Amalie, Frau Schnepfe.«

Und Raffaëla, da Jenny gerade damit beschäftigt war, die Kassierung nachzuzählen: »Was für ein Glück!«

»Ach, Raffaëla«, seufzte Jenny, »wenn du wüßtest!«

»Was macht er denn?« flüsterte Raffaëla.

Und Jenny, unendlich traurig, die Hand am Munde, dann abwinkend:

»Ach, ich will lieber schweigen!«

Herr Seidel aus Baden zwirbelte unternehmend, mit disziplinierter Eleganz, seinen Schnurrbart. Er stützte die Hand auf den Schenkel. Der Ellbogen stand weit ab.

»Boston!« rief der Tanzordner und rutschte mit schleifenden Füßen durch den gebohnerten Saal.

Frau Schnepfe schüttelte den Kopf ob solchen Tumults.

Fräulein Amalie, den Rücken an die Wand gelehnt, streichelte ihren Zwergpintsch mit der gepflegten Haltung einer Dame, die in der Hofloge sitzt.

Flametti, noch im Indianerkostüm, ging durch den Saal und quittierte, mit seiner Stattlichkeit renommierend, die flüssig ihm dargebotenen Glückwunschbeweise. Man befühlte die Lanze, die Lederhosen, den Halsschmuck. Auch Herr C. Tipfel von den Sunda-Inseln war da.

»Du poussierst mit Flametti!« warf Bobby der treulosen Traute vor, mit der er seit Wochen in zünftigem Briefwechsel stand. Sie standen beim Vorhang. »Ich hab' es gesehen. Er hat dich ans Bein gefaßt, als du die Treppe hinaufgingst. Ich hab' auch gesehen, wie ihr getuschelt habt mieinander.«

»Dummer Fatzke!« gab Traute zurück, »was bild'st du dir eigentlich ein? Bist ja zwei Köpfe kleiner als ich! Willst du eine Frau ernähren!«

»Na, schön!« sagte Bobby und musterte sie von oben bis unten. »Pfui Teufel!« Er nahm seinen Regenschirm, zog den Paletot an, sagte »Grüazti!« und ging in den ›Hopfenzwilling‹.

»Ach, Raffaëla!« sagte Jenny, »du glaubst es ja nicht! Aber wart' nur ab! Ich werde mich revanchieren!«

Die Soubrette kam an den Tisch.

»Na, Fräulein«, sagte Herr Seidel freundlich, »was trinken Sie?«

Die Soubrette zierte sich.

»Einen Eierkognak?«

»He, Fräulein!« hielt er die Kellnerin fest, »einen Eierkognak!«

Die Soubrette nahm Platz. »Laura heiße ich.«

»Fräulein Laura – hübscher Name!« sagte Herr Seidel und legte den Arm um ihre Stuhllehne.

Jenny entging es nicht. Sie hatte die Kasse gezählt und winkte Flametti. »Da nimm: Hundertneunzig Franken.«

Flametti schob das Geld mit gekrampfter Hand in die Hosentasche und fühlte sich verpflichtet, eine Weile stehen zu bleiben.

»Wo ist die Traute?« fragte Jenny.

»Was weiß ich, wo die Traute ist!« fuhr er auf, »sie wird tanzen.«

Jawohl, Fräulein Traute tanzte. In ausgelassenem Vorüberschieben warf sie Flametti einen kokett-auffordernden Blick zu. Hei, flog ihr Kopf in den Nacken!

»Ja ja, die Jugend!« träumte Frau Schnepfe resigniert.

»Uff!« schnaubte Flametti, »das war eine Hetze!« Jetzt lief es von selbst.

Vorbei schob: Herr Scherrer, Handlungskommis aus Wien, mit Fräulein Rosa. Vorbei schob: Herr Glatt, turmhoher Stehkragen, Handlungskommis aus der Mark Brandenburg, mit Fräulein Güssy. Vorbei schob: Herr Pips mit der hüftengewaltigen Lydia. Vorbei schob: der Herr Krematoriumfritze, mit der in Feldgrau.

»Das ist der andere!« flüsterte Jenny vertraulich Raffaëla zu.

»Schwer reich. Der spendiert nachher Sekt. Immer französischen Sekt. Er tut jetzt so, als säh' er mich nicht.«

»Stattlicher Mann!« gab Raffaëla sich Mühe. Es schien ihr eine wenig drauf anzukommen, Jenny die Ruhe zu nehmen.

Aus der Garderobe kam als der letzte Herr Meyer. Er hatte die Noten hinaufgetragen. Unschlüssig blieb er stehen, Jennys gespicktes Portemonnaie in der Tasche, das ihm bei jedem Schritt wie ein Klotz an den Schenkel schlug.

»Ach, Herr Meyer«, sagte Jenny und streckte sich über den Stuhl zu ihm hin, »geben Sie her! Es ist nicht mehr nötig!« und ließ das Monstrum von Portemonnaie, das Meyer ihr gleichgültig gab, in den Busen rutschen.

Und Herr Meyer trat zu Flametti, sah in das Gewühl und meinte: »Pfui Teufel, ist das eine Hitze!«

Und den Walzer tanzte auch Mutter Dudlinger. Sie hielt den Herrn Pips fest um die Taille gefaßt und drehte sich auf den Zugstiefeln. Herr Pips aber drehte sich wie ein Trabant um die Sonne. Meistenteils war er verfinstert.

Und Engel machte auch Jennymama seine Aufwartung, animiert wie man's werden kann, erhielt aber glatt einen Korb.

»Ach, der Engel!« lächelte Jennymama.

Und noch um ein Uhr kam ein Rudel Studenten: holländische Forsteleven. Die schoben und pfiffen und klatschten dazu. Und hatten eine eigene Laute dabei und stellten das ganze Lokal auf den Kopf.

Wer dem Indianerfeste nicht bis zum Ende beiwohnte, und wer Jenny nicht kannte, erlebte am nächsten Tag Überraschungen.

Flamettis Erfolg war unbestritten. Und galt ihm allein, nur ihm. Er wurde gefeiert in allen Tönen.

Aber gerade das vertrug Jenny nicht. Gerade das lehnte sie ab. Sie konnte in ihrer offenbaren Beschränktheit nicht einsehen, daß für Flametti dieses Indianerspielen ein Bild, ein Symbol war, ja eine Lebensfrage; begriff nicht, wie ein vernünftiger Mensch, ein Mann, sich so kindisch benehmen konnte. Sie hatte, kurzum, keinen Sinn für die Illusion, verstand auch nicht, was der Farolyi gekauderwelscht hatte. Spielen, Wetten, Revolverschießen; Pariser Apachen, Felsengebirge und Honolulu; ein Ritt durch die Wüste, Komantschen, Bluthunde und Polizei: das alles waren ihr spanische Dörfer.

Weltfremd war Jenny und eitel dazu. Sie konnte für möglich halten, das ganze Fest sei nur für sie arrangiert gewesen; Flametti nur für sie, für Jennymama, geboren, sei es, indem er den Diener machte, wenn sie Karotten einkaufte; sei es, indem er Mannderl und Weiberl schnitzte fürs Wetterhäuschen.

Und ganz besonders: für ›Wigwams‹ hatte sie gar keinen Sinn. Sie hielt das für Humbug. In kleinlicher Mißgunst klammerte sie sich an Äußerlichkeiten, warf ihm gewöhnliche Vielweiberei vor. Als ob sich ein Mann seiner Art von der Fertigkeit eines einzigen Weibes gefesselt, entzückt und versorgt fühlen konnte.

Flametti versuchte umsonst, es ihr klar zu machen, morgens um zehn Uhr, im Bett. Sie verstand nicht.

»Also was heißt das?« setzte sie sich verbissen und leidenschaftlich im Bett auf.

»Daß ich meine Ruhe haben will!« erklärte Flametti abschließend und drehte sich nach der anderen Seite.

Aber damit gab Jenny sich nicht zufrieden. So ließ sie sich nicht abspeisen. Klarheit wollte sie haben von wegen dieser Person, dieser Traute, der Schlampen, die nicht einmal wußte, wozu die Klosettschnur da war, und die es doch wagte, ihr dreist ins Gesicht zu sagen, man habe sie ›abgesetzt‹.

»Du, Max, ich will Antwort!« drohte sie, »wie ist das mit der Traute? Mach' mich nicht wild! Ich hab' euch wohl tuscheln sehen, gestern im ›Krokodil‹! Gut: es war Publikum da. Aber heut will ich's wissen.«

»Himmelherrgottsakrament, laß mir jetzt meine Ruhe!« setzte Flametti sich ebenfalls auf. »Was soll ich denn machen mit ihr? Was willst du denn? Soll ich vielleicht den Heiligen spielen? Darf ich nicht meine Nachtruhe haben? Plag' ich mich immer noch nicht genug?« Eine Prügelszene im Bett stand bevor.

»Gut!« sagte Jenny, »laß nur!« Sie wußte Bescheid. Heraus sprang sie aus dem Bett, warf sich den Schlafrock über und war schon im Lattenverschlag.

»Traute raus!« schrie sie und packte die schlafende Traute beim Kragen.

»Pack' deine Sachen zusammen. Vorwärts marsch, marsch! Und heraus aus der Wohnung!«

Traute fuhr auf. Der Ton, der ihr ans Ohr drang, war zu energisch, als daß es ein Weigern gab. Schlaftrunken, eben noch mit dem Kommis aus Brandenburg Twostep schiebend, glitt sie über die Bettkante herunter. Unterkleider und Schuhzeug griff sie, stürzte das Tanzkleid über den Kopf und bemerkte erst jetzt, worum es sich handelte. »Raus, wohin?« fragte sie erstaunt.

»Raus aus der Wohnung! Raus auf die Straße! Ins Arbeitshaus, wenn du Lust hast! Nur raus, und zwar sofort, oder ich hole die Polizei!«

Große Augen machte Fräulein Traute. Arbeitshaus? Straße? Polizei? Was war denn passiert? Was war denn geschehen? Warum? Wieso? Was hatte sie denn getan?

Sie bekam's mit der Angst. Verstört und verdattert riß sie die Augen auf. Ihr Mund hing schief. Zitternd und bebend beeilte sie sich, ihr Kleid zu schließen.

»Was hab' ich denn getan? Ich habe doch nichts getan!« stotterte sie.

»Du wirst schon wissen, was du getan hast!« schrie Jenny.

»Fort! sag' ich dir! Raus! Nur raus! Ich werde dir Beine machen!«; riß Trautes Sachen vom Haken und warf sie ihr zu. »Das andere kannst du dir holen lassen. Nur raus, auf der Stelle!«

»Sie haben mich hier nicht rauszuwerfen. Flametti hat mich hier rauszuwerfen!« versuchte Traute.

»Was hab' ich?« schrie Jenny, jetzt vollends rabiat, und keilte die Künstlerin aus dem Verschlag.

Die hielt sich mit beiden Händen fest an der Tür. Die Türe schlug zu. Zwei Vasen mit Binsen und Klatschmohn fielen zerschellend hoch vom Büfett. Nettchen, der Dackel, schoß, ein fauchendes Krokodil mit zwei Reihen Sägezähnen, hervor aus den Sofafransen.

Die Mädel kreischten. Flametti, im Hemd, mit haarigen Beinen, drang aus dem Hauptfrauzimmer.

»Was gibt's denn da?« riß er die Sklavin der Hauptfrau weg.

»Hier gibt's eine Kindsleiche, wenn sie nicht rauskommt.«

»Hilfe! Hilfe!« schrie Traute, als sei ihr der Hals bereits abgeschnitten, und rannte zum Fenster.

»Bist du ruhig!« drohte Flametti mit aufgeblasenen Backen.

Schon war die ganze Nachbarschaft an den Fenstern. Eine Scheibe klirrte.

»Raus kommt sie!« arbeitete Jenny.

»Willst du ruhig sein!« schäumte Flametti, ergriff das Brotmesser, das auf dem Tisch lag, und ging auf die Frau los.

»Hilfe! Hilfe!« Jenny stieß auf der Flucht mit dem Kopf an den Spiegelschrank. Nettchen, gurgelnd und seibernd, sprang hoch an Flamettis Brust und verbiß sich im rot-weiß gestreifelten Baumwollhemd.

Flametti kam zur Besinnung und ließ das erhobene Messer sinken.

»Machst du jetzt, daß du hinauskommst!« funkelte er Traute an und bedeutete ihr mit dem Zeigefinger den Weg.

Und Traute, entsetzt, in die Enge getrieben, lief heulend über das Plüschsofa, am Rocke den wütenden Hund nachschleifend, nahm einen viertel Fußtritt Flamettis mit, schrie Zeter und Mordio, rannte die Treppe hinunter zur Straße, und lief, was sie laufen konnte.

Die Mittagstafel war schlecht besucht. Auch die Häslis fehlten. Sie hatten Kontrakt gemacht mit Ferrero, gestern noch spät in der Nacht, nach dem ›Schackerl‹, und fanden es nicht übertrieben, Flametti Adieus zu ersparen.

V

Herr Meyer sah aus wie Friedrich Haase als Richard der Dritte. Man fuhr nach Basel. Herr Meyer sah aus, als sei er, Herr Meyer, verantwortlich für diese Partie. Man fuhr zu Herrn Schnepfe nach Basel, und dieser Herr Meyer sah aus, als sei's eine Fahrt nach dem Feuerland.

»Sehen Sie mal, Herr Meyer«, sagte Flametti, »ich kenne doch Schnepfes Lokal. Keine Sorge! Wochentags leer. Aber Sonntags brillant. Und jetzt zur Meßzeit, mit unseren Schlagern ...! Das Wichtigste ist: man muß ihm den Schneid abkaufen, dem Schnepfe. Von vornherein. Gar nicht aufkommen lassen. So und so sieht es aus bei uns. Das und das brauchen wir. – Großes Lokal bei den Schnepfes. Prachtvolle Zimmer. Guter Kontrakt.«

Aber Herr Meyer schien seine Bedenken zu haben. Er hörte kaum zu. Rauchte 'ne Zigarette und spuckte wegwerfend durchs Coupéfenster.

»Sehen Sie mal«, sagte Flametti und tippte die Asche weltmännisch auf die vorbeisausende Landschaft, »wir haben: die ›Indianer‹, den ›Harem‹, den ›Friedhofsdieb‹, den ›Mann mit der Riesenschnauze‹, die ›Nixen‹, die ›Ausbrechernummer‹....« Er zählte das alles an den Fingern her.

»Die ›Indianer‹?« warf Herr Meyer ein.

»Na ja, die ›Indianer‹.«

»Wieso die ›Indianer‹?«

»Na: ich, meine Frau, die Soubrette und Rosa.«

»Schöne ›Indianer‹!« meinte Herr Meyer. Ihm konnt' es ja recht sein.

»Was wollen Sie?« meinte Flametti, »genügt das nicht?« Er wurde heftig. »Jawohl! Werde mir fünf Soubretten engagieren! Zehn Lehrmädel dazu!«

»Feine Stadt, Basel!« rief Jenny mit erhobenem Zeigefinger und entnahm ihrer Handtasche zwei Schinkenbröte. »Gelt, Max, auf die Meß' gehen wir? Und die Kavaliere bringen uns Leckerli?«

»In Basel gibt's doch die Leckerli«, erklärte sie Fräulein Laura, die ebenfalls skeptisch schien. »Solchene Tüten bringen sie an!« Sie zeigte eine Tütengröße von reichlich einem halben Meter. »Und einen zoologischen Garten gibt es: Wildschweine, Strauße, Giraffen! Feine Stadt!«

Fräulein Laura schien ganz Ohr. Nervös sah sie von Flametti zu Meyer, von Meyer zu Jenny.

»Der Herr Meyer meint, das Repertoire reiche nicht aus«, lächelte Max zu Jenny.

»Nimm ein Schinkenbrot, Max!«

Herr Meyer spuckte wegwerfend und finster. Und Jenny fühlte sich verpflichtet, deutlichere Begriffe zu geben von dieser gesegneten Stadt.

»Und der Rhein ist da«, sagte sie kauend im hübsch ansitzenden Reisekleid, »und die Polizei ist sehr streng. Papiere und Heimatschein, da darf nicht das Tüpfel fehlen. Wenn dort eine auf der Straße geht: zwei Tage. Schon ist sie weg.«

Stoßhaft belustigt spuckte Herr Meyer. Doch seine Skepsis war abgründig finster. Jeder Versuch, ihn aufzuhellen, schien vergebens. Und Fräulein Laura zuckte nervös mit den Augenlidern. Sie schien sich gar nicht zurechtzufinden.

Engel langte die Sachen herunter aus dem Gepäcknetz. Bobby sah nach der Uhr und griff die Plakate. Rosa bemühte sich um den Käfig der Turteltauben.

»Ist's schon so weit?« fragte Jenny erstaunt und steckte ihr Schinkenbrot halb in den Mund, halb in die Reisetasche.

»Basel!« bestätigte Flametti.

»Ah, das ist recht!« rief Frau Schnepfe, als das Ensemble eintrat. »Das ist recht!« und drehte an ihrem Ehering. »Guten Tag! Guten Tag! Guten Tag!« und gab jedem einzelnen die Hand.

»Salü!« grüßte Flametti, »da sind wir!« und blieb mit Reisetasche und Regenschirm ostentativ inmitten der Wirtsstube stehen, als wolle er sagen: jetzt geht der Kontrakt an. Jetzt habt ihr zu sorgen für uns.

Frau Schnepfe bekam einen gelinden Schreck. Und die Soubrette, als ›Stimmungsmacherin‹ angezeigt, nahm sogleich einen Stuhl, ganz erschöpft von Influenza, stützte den Kopf auf und begann einzuschlafen.

»Wo ist der Beizer?« fragte Flametti forsch.

»Fritz!« rief Frau Schnepfe in irgendein Kellerloch, »da sind sie. Komm einmal rauf, die Artisten sind da.« Und Engel und Bobby stapelten das Gepäck auf, schleppten den großen Koffer herein.

Da kam auch Herr Schnepfe zum Vorschein, blinzelnd und etwas verrußt von der Kellerarbeit.

»Salü Max!« grüßte er mit salopp geschwungener Schneidigkeit und blödem Gesichtsausdruck. Er trug eine Schnurrbartbinde, war klein von Gestalt, und es fehlte der Kragenknopf.

»Salü Fritz!« grüßte Flametti souverän und stellte den Handkoffer ab. Herr Schnepfe sah aus, als sei ihm nicht wißlich, um was es sich handle.

»Das ist die Frau«, stellte Flametti vor, »das ist die Soubrette, das der Pianist, das die Rosa. Das der Engel und das unser Herr Bobby.«

»Früh auf den Beinen!« meinte Herr Schnepfe.

»Schweinskopf mit Senf«, porträtierte Engel, indem er den Koffer zum andern Gepäck hinschob.

»Alles parat?« fragte Flametti militärisch.

»Alles parat!« rapportierte Herr Schnepfe, die Hand an der Hosennaht. Den Scheitel hatte er sich mit Wasser und mit Pomade zurechtgeplätscht. Doch sträubten sich seine Borsten.

»Wo sind denn die zwei andern Fräulein?« erkundigte sich Frau Schnepfe freundlich und süß.

»Kommt Ersatz!« tröstete Flametti und hing nun auch seine Schirme auf.

»Na, dann zeig' mal die Zimmer!« gebot Herr Schnepfe und zog sich mit einem kommißartigen Ruck die Kellerschürze über den Kopf.

»Wollt ihr nicht erst einen Kaffee trinken?«

Oh, das war eine freundliche Frau Schnepfe! Oh, die war nett!

»Oh ja«, nickte Jenny mit ihrem süßesten Lächeln und gab der Frau Schnepfe das Reiseplaid. Die gab's einer Kellnerin weiter.

Flametti nahm Rosa die Tauben ab, hing seinen Hut an den Haken und nahm seine ›Philos‹ heraus.

Die Kellnerin brachte Helles. Herr Schnepfe hantierte am Bierhahn, gab seine Befehle. Jenny ging mit Frau Schnepfe die Wohnung besehen. Und man war angekommen.

Nachmittags ging man zur Polizei, von wegen der Anmeldung. Die Stadt war grau. Hohe Häuser, elektrische Straßenbahnen. Regenwetter und Nebel.

Das Polizeihaus war ein efeuumwachsener, burgähnlicher Bau. Der Weg hinauf führte vorbei am Gefängnis. Ein Sträfling sah mit verwildertem Kasperlgesicht durchs Eisengitter herab auf die Straße. Schweigend ging man vorbei, gedrückt, wie Katholiken vorübergehen am Kreuz. Man nimmt seinen Hut ab.

Der Rückweg führte vorbei an der Messe. Das elektrische Karussel war in vollem Betrieb. Eine blau gestrichne Karosse kam, zitternd und rasselnd, in majestätischer Fahrt aus dem Tunnel. An der Stirnseite des Wagens prangte ein Seeweibchen, Bruststück. Das schlug die Tschinelle. Rot waren die Backen, weiß ihre Brüste gelackt. Stolz flog sie dahin und zog einen ganzen Schwarm hochfarbig lackierter Wagen aus dem Tunnel. Die Dampfpfeife schrillte.

Herrn Schnepfes Varietélokal war unschwer zu finden. Wenn man öfters den Weg machte, fand man es spielend. Bei einem großen Bankhaus schwenkte man ab nach rechts, in die Vorstadt. Vor dem Haus stand ein Brunnen mit großem Bassin voll grasgrünen Wassers. Darüber der heilige Bartholomäus, aus Stein gehauen, mit segnenden Händen. An den Fenstern hingen Flamettis Plakate. In der Straße, am Abend, schaukelte blau eine Bogenlampe.

Die Zimmer waren ein wenig kalt und schreckend im ersten Moment. Mattscheiben und die gekalkten Wände erinnerten barsch an Krankenbaracken in einem Gefängnisbau. Doch waren sie teilweise hübsch mit Öfen versehen und geräumig, ebenso wie das Konzertlokal.

Zwei ineinandergehende Kammern gleich überm Wirtslokal bekamen Flametti und seine Frau, nebst Rosa. Eine Kammer im dritten Stock die Herren Engel und Bobby. Ein Dienstmädchenzimmer im Seitenflügel Herr Meyer und Fräulein Laura.

»Sagen Sie nur«, meinte Frau Schnepfe zu Jenny, »warum haben Sie nur die zwei netten Fräulein nicht mitgebracht?«

»Ach, Frau Schnepfe«, winkte Jenny ab, »Sie haben ja keine Ahnung, was in unsrem Beruf alles vorkommt: Die eine hab' ich entlassen müssen – schlimme Geschichten! Die andre hat man mir abgenommen.«

»Abgenommen?«

»Ja, denken Sie sich: die Mutter kam mir ins Haus und sagte, sie dulde nicht länger, daß ihre Tochter Artistin ist. Wegen der Kerls.«

»Was Sie nicht sagen!«

Die Vorstellungen waren nicht gut besucht. Trotz pomphafter Vorreklame. Ein Dutzend Leute saßen wohl in den Ecken. Aber sie ›jaßten‹ und ließen sich weiter nicht stören. Keine Hand rührte sich, wenn eine Nummer zu Ende war. Keine Miene verzog sich.

»Man muß sich einleben«, meinte Flametti. »Es muß sich herumsprechen, was wir zu bieten haben. Nur keine Sorge! Kommt schon.«

Herr Meyer mußte sich jedenfalls bald überzeugen, daß die ›Indianer‹ auch ohne Güssy und Traute gingen.

»Sehen Sie«, sagte Flametti, »Basel ist eine ernste Stadt. Religiös. Das vornehme Bürgertum klatscht nicht gern. Lassen Sie uns etwas Ernstes bringen, den ›Friedhofsdieb‹, und wir haben ein volles Haus.«

Also bekam Engel die Rolle der Zeugin Emilie Schmidt im ›Friedhofsdieb‹, was Frau Häsli früher zu spielen hatte, und lief tagsüber unglücklich zwischen den Tischen und Stühlen umher und rang mit dem Ausdruck.

Herr Meyer aber blieb skeptisch. Auch die Wirtsleute gefielen ihm nicht.

Ihm war nicht entgangen, daß Herr Schnepfe auf seinem Glasdach einen Wurf junger Wolfshunde aufzog. Die heulten dort nächtlich herum, wenn die Ratten über das Dach wegstoben.

Eine innige Antipathie empfand Herr Meyer gegen Herrn Schnepfe. Auch diese Frau, Frau Schnepfe, gefiel ihm nicht. Ihr gedrehtes Wesen belästigte ihn. Herr Meyer war ein Poet. Wie sollte das Publikum Zutrauen fassen, wenn die blutleckenden Wolfshundsbestien mit ihren Hängeschwänzen das Haus durchstrichen und jedermann an den Waden schnupperten; wenn die gedrehte Frau Sdmepfe auf ihre gedrehte Art »Guten Morgen!« sagte und einem die Hand gab, ge ziert-religiös, wie Nonnen sich in der Kirche an Fingerspitzen das Weihwasser reichen!

Flametti aber versuchte es analytisch.

»Was ist Blödsinn?« philosophierte er in dem ›Mann mit der Riesenschnauze‹. »Blödsinn ist: wenn das Kind keinen Kopf hat. Blödsinn ist aller Jammer der Welt. Blödsinn ist die Enttäuschung der Seele, die Quintessenz der Melancholie. Blödsinn ist überhaupt ein Blödsinn.«

Das war Herrn Meyer so recht aus der Seele gesprochen. Das löste seine Komplexe. Doch auch Erkenntnis vermochte die Basler nicht aufzuheitern.

Mit ringförmigen Fischaugen saßen sie da, tranken ihr Bier aus, zahlten und gingen. Die Soubrette hatte ein wenig Erfolg. Das Ganze schien hoffnungslos.

»Alles nichts«, sagte Jenny, »wir müssen Artisten haben!« Und eines Tags bei Tisch verkündete sie dem erregten Ensemble: »Neue Artisten kommen. Vornehme Artisten. Kinder, da müßt ihr euch fein benehmen!«

Zwei Tage später war's auch schon da. Die Tür ging auf. Ankamen die neuen Artisten. Herr Leporello und Lydia, Herr Leporello und Lotte, Herr Leporello und Raffaëla, nebst vielem Gepäck, darunter auch Eisenstangen.

Das war ein Getue! Das war ein Geschmatze! Das war die lauterste Seligkeit!

Lottely hinten, Lottely vorne! »Gut, daß ihr da seid!« – »Trinkst du Helles, Lepo?« – »Wollt ihr einen Kaffee trinken?« – »Wie geht es der Mutter?« und was dergleichen Begrüßungsformalitäten mehr sind.

Sogar Herr Meyer taute jetzt auf. Leben und Lebensart kamen ins Haus. Die Reserviertheit Schnepfes verfing nicht mehr.

Und diese Nummern! Drahtseilakt und Czardas. Spitzentanz, Matschiche und Drehbarer Unterleib! Ein wirklicher Zuwachs! Akquisition! Das ließ sich hören!

Auch die neuen Artisten wurden untergebracht: Zimmer Numero 6 und 7. Engel und Bobby beschäftigten sich mit dem neuen Gepäck und den Eisenstangen. Herr Leporello gab Anweisungen. Und man begab sich zur Polizei.

Eine Stunde später schon waren für Raffaëlas Drahtseilakt im Parkett quer vor der Bühne die Stützen befestigt, die Zeitungsannonce war aufgegeben, und der Erfolg war freundlichst gebeten, sich einzufinden.

Kam auch. Gleich der erste Abend gab einen hohen Begriff von den Fähigkeiten der neuen Artisten. Die Kostüme waren zwar etwas zerknittert. Sie hatten zu lange im Korb gelegen, und von Frau Schnepfe war kein Bügeleisen zu erhalten. Auch mißglückte Herrn Leporellos ›Drehbarer Unterleib‹ weil Lepo zu Mittag infolge der langen Bahnfahrt zuviel gegessen hatte.

Aber Raffaëlas ›Matschiche auf dem hohen Seil‹ mit japanischem Schirm und im Himbeertrikot – Teufel, hatte das Frauenzimmer Schenkel! – ermunterte selbst die griesgrämigen Basler. Und als Fräulein Lydia Czardas tanzte – verflucht noch einmal! Sie schlug auf das Tamburin und ging mit pferdhaftem Posterieur stampfend und tänzelnd gegen die grätschende Schwester los –, da gab es auch bei den Baslern keine Bedenken mehr: laut und vernehmlich klatschten sie.

Am nächsten Abend gab es schon Ehrengäste: Herr Bums-die-Lerche, der Komikerkönig, und Fräulein Nandl, das Wunder der Tätowierung, welch letztere im Haus des Herrn Schnepfe auch wohnte, der guten Adresse wegen.

In den nächsten Tagen brachte Raffaëla als Neuheit ihren ›Spitzentanz‹ – immer auf den Fußspitzen, nach der Melodie:

›Frühling ist's, die Blumen blühen wieder,
Süß berauschend duftet jetzt der Flieder‹,

immer auf den Fußspitzen; die Pointen markiert durch ein Hochschnellen des Körpers, die Arme mit grazienhaft hinauf- und hinuntergebogenen Handflächen ausgebreitet; immer so:

›Alle Vögel jauchzen, jubeln, si-hi-ngen,
Die Natur scheint neu sich zu verjü-hi-ngen.‹

Und Herr Leporello, wenn er eklatante Beweise seiner trommlerischen Begabung bei der Begleitmusik abgelegt hatte, produzierte sein ›Teufelskabinett‹, bei dem er unter Zischen und Pfeifen auf einer Sirene, mit zusammengelegten Gliedern durch einen Schornstein aus Pappkarton, den Lydia festhielt, borstig herniederfuhr.

Wenn aber Herr Leporello Sonntags seinen komischen Teufelsakt brachte – er erschien dann als eine infernalische Klatschbase im Korsett, einen Kamm in der Perücke, das Hemd hing ihm hinten heraus und der Rock aus Sackleinwand, mit roten Litzen benäht, war ihm zu kurz –, dann spielte sich in seinen Mienen eine so diabolische Einfältigkeit ab, daß der Kontrast zwischen seinen gespreizten Zirkusposen und dem dargestellten Objekt die Zuschauer zu hellem Grinsen entflammte.

Was Wunder, wenn das Geschäft sich hob? Wenn die Zirkusleute mehr und mehr in den Vordergrund traten, auch bei der Direktion?

Ein Feldwebel von der St. Gotthard-Festung kam als Konzertbesucher. Er hatte Urlaub. Die Frau war gestorben. Was der Mann alles spendierte! Sogar Leckerli brachte er mit, die ersten, die man bei Schnepfes zu sehen bekam.

Auch zum Zoologischen Garten ging man jetzt und zur Messe. Und zwar teilte sich hier das Ensemble. Die Zirkusleute gingen mit Jenny zum ›Zoo‹. Die andern mit Flametti zur ›Meß‹.

Der Basler Zoologische Garten scheint nicht so üppig bestückt zu sein wie Hagenbecks Tierpark zu Hamburg. Auch nicht so künstlerisch interessant arrangiert wie etwa die kunstgewerbliche Menagerie zu München. Wenigstens wußte der zoologisch interessierte Teil der Vergnügungspartie nur Unbedeutendes zu berichten.

Jenny war aufgefallen, daß die Strauße im Basler Zoo ›echte Straußfedern‹ trugen. Lydia klagte, die Papageien hätten erbärmlich geschrien. Die Ohren gellten ihr jetzt noch davon. Man solle den Viechern die Hälse abschneiden, statt ihnen die Bälge mit Brot vollzustopfen. Nur Raffaëla schien einen stärkeren Eindruck gerettet zu haben.

»Kinder, der Elefant!« schlug sie die Hände zusammen und konnte sich gar nicht genugtun, »so etwas Schamloses gibt es nicht mehr!«

Giraffen hatten sie nicht gesehen. Auch keine Wildschweine. Einige Affen. Doch das war alles.

Die Messe war interessanter. Wer mit Flametti ging, fand keine Enttäuschung.

Erst im Panoptikum: ›Der Feuerkessel von Tahure‹: da platzten die Bomben! Da staunte das Volk! Da streckten die toten Poilus die Beine zum Himmel, wie niedergeknallt auf der Hasenjagd!

Dann auf der Rutschbahn: zwei Karossen hintereinander: in der ersten Flametti und Fräulein Laura. In der zweiten Herr Engel und Meyer. Wie flog man dahin! Wie flog man daher!

Dann beim ›Jägersalon‹: »Schießen Sie mal, junger Herr!« Und Herr Engel schoß, auf den Trommler. Und traf ihn; mitten in die Visage. Der rasselte los. Aber unentgeltlich. Man war ja Artist. Es war eine Freude, zu leben!

Mittlerweile war es nun Winter geworden, ganz unvermerkt, über Nacht, und man war gezwungen, sich enger zusammenzuschließen. Da gab es lange Gesichter.

»Jenny, wir haben ja gar keinen Ofen!« reklamierten Lydia und Raffaëla zugleich.

»Ist doch nicht kalt!« tröstete Jenny, »je, seid ihr verfroren!« Aber es waren fünf Grad unter Null.

»Eene klappernde Kälte!« meinte Herr Leporello in komischem Baß, mit hervortretenden Augen, und stellte sich vor den Ofen im Wirtslokal.

»Sie, Leporello! In Mesopotamien Krieg!« verkündete Bobby, der eifrig die Zeitung studierte.

»Ha ick ja immer jesagt: in Mesopotamien fangen se ooch noch an!«

»Jenny«, rief Raffaëla ins Wirtslokal, schnatternd vor Kälte und tief beleidigt, »das geht so nicht! Ich muß einen Ofen haben! Wo soll ich denn hin mit dem Kind?«

»Ich kann mir den Ofen doch nicht aus der Haut schneiden!« meinte Jenny im blauen Schlafrock, am Ofen. »Hier ist es doch warm! Bleibt doch hier unten im Wirtslokal!«

Das tat man denn auch. Raffaëla, Lydia, Lotte und Lepo blieben im Wirtslokal. Lepo las seine Kriegsberichte, von morgens bis abends. Lotte machte die Hosen naß. Lydia und Raffaëla schlappten einher in den Schlafröcken und beschimpften einander.

Abends aber, während der Vorstellung, saßen die fünf Damen aufgeputzt um Herrn Schnepfes Dauerbrandofen wie Papageien auf einem Eisenring um den Dompteur.

»Kinder, nein, ist das eine Kälte!« zitterte Lydia mit erfrorener Nase und zog ein Gesicht, als sei sie hereingefallen und komme erst jetzt allmählich dahinter.

Und zu der Soubrette: »Ihr habt es gut. Ihr habt einen Ofen!«

Und alle bebten und preßten die Schenkel zusammen.

»Menschenskind!« tanzte Engel näher heran und rieb sich verbindlich die Hände, »ist doch keene Kälte: fünf Grad! Hättest vergangenen Winter dabei sein sollen!« und hob sich fast in die Luft, so betrieb er mit beiden Armen gymnastische Packung. »Hauptsache ist: man kriegt was Warmes in Magen!«

Nun, daran fehlte es nicht. Herr Schnepfe ließ sich nicht lumpen.

Der Kaffee zum Frühstück ließ zwar manches zu wünschen übrig. Die Blechkanne, in der er serviert wurde, mochte innen ein wenig verrostet sein. Die Damen erbrachen sich, wenn sie getrunken hatten. Das konnte jedoch, wie Herr Schnepfe auf Reklamation hin bemerkte, auch andere Ursachen haben.

Das Mittagessen war einfach tipp topp. ›Sauerkraut, Würstel und Pellkartoffel‹. – ›Gulasch, Bohnen und Rösti‹. – ›Hackfleisch, Erbsen und Rettichsalat‹. Jennymama kochte besser; gewiß. Aber man war nun einmal in der Fremde. Da war es, wie die Verhältnisse lagen, das beste, den Magen zu heizen.

»Iß!« sagte Laura zu Meyer, »wer weiß, wann man wieder was kriegt!«

Eine kleine Rivalität brach aus zwischen den Zirkusartisten und dem übrigen Teil des Ensembles, dem ›Bruch‹, wie die Zirkusleute alle Kollegen nannten, die nicht von Kindesbeinen auf beim Metier waren.

Die Zirkusleute pochten auf ihre Familie, Herkunft, Tradition. Sie waren exklusiv und sahen den ›Bruch‹ verächtlich an. Herr Leporello etwa den kleinen Bobby. Beide waren sie Kontorsionisten. Bobby arbeitete rückwärts, war also Schlangenmensch. Herr Leporello arbeitete vorwärts, war also Froschmensch. Herr Leporello hatte die komplizierteren Balancen, den drehbaren Unterleib. Bobby hatte den besseren Hand-Stand, das biegsamere Rückgrat.

Aber Herr Leporello ästimierte ihn nicht. Herr Leporello war ausschließlich Artist. Bobby ging im Nebenberuf zeitweilig ›auf Heizerfahrt‹.

Oder Miß Raffaëla den Engel. Sie verlangte von ihm, daß er Einkäufe für sie besorge. Sie glaubte, der Bühnenmeister sei hier auch Stiefelputzer. Aber Engel lehnte es ab, ›Kommissionen‹ zu machen.

»Hab' keine Zeit! Hab' zu studieren! Bin selber Artist!« Und Flametti bestätigte das, indem er ›Monteur‹ auf Engels Papier durchstrich und ›Artist‹ drüberschrieb.

Zwei Parteien bildeten sich. Die Partei der Zirkusartisten mit Jenny. Die ›Bruch‹- und Apachenpartei mit Flametti.

Flametti waren die Zirkusdamen zuwider. Sie hänselten ihn. Er fand sie verdorben, aufdringlich, utriert. Sein Herz war bei der andern Partei, den Gestrandeten, den Gelegenheitskönnern, den Kindern Gottes. Auch Meyer und Fräulein Laura waren nur herverschlagen ins Varieté. Und doch – alle Hochachtung!

Äußerlich aber tat sich die Rivalität in folgendem kund: Die Zirkusleute brachten das Geld. Die Bruchleute hatten – den Ofen.

Die Zirkusleute lagen den ganzen Tag in Flamettis geheizter Stube herum oder im Wirtslokal, wo das Glasdach tropfte, die Ratten liefen, die Windeln rochen. Sie schürten und hetzten. Sie glaubten, wider Verdienst schlecht weggekommen zu sein.

Die Bruchleute schlossen sich täglich enger zusammen im Zimmer des Pianisten, wo zwar die ungefegte Brikettasche Mumien aus ihnen machte, wo aber der Ofen glühte. Fräulein Laura wusch der Männer gemeinsamen Kragen, Bobbys Eidechsenkostüm hing glitzernd über der Wäscheleine. Man saß auf Herrn Meyers entgleistem Rohrplattenkoffer und sang Schnadahüpfl zur Laute. Man richtete Engel ein Bett her am Ofen, damit er geborgen war, wenn die Malaria ihn überfiel.

Und Engel erzählte mit traurig schluckender Stimme von Gudrun, der Baronesse, die ihn geliebt, als er noch Forsteleve in Deutschland war, beim Grafen von Reiffenstein.

Das Exil dieser Tage erhielt eine Abwechslung dadurch, daß es plötzlich noch kälter wurde. Es war jetzt so kalt, daß es wirklich nicht anging, länger zu singen:

›Die Luft ist lau, die Täler prangen lenzesgrün‹,

wie es in jenem Begrüßungsmarsch hieß, den man im ›Krokodil‹ vor Rosenlauben gesungen.

Die Damen rieben sich auf der Bühne ganz unverhohlen die Hände vor Frost. Und wenn der Marsch auch ein heißblütiges Tempo hatte: die Worte konnten jetzt nicht mehr an gegen den Rauhreif der Wirklichkeit.

Die Varietébesucher: Totengräber, Kirchendiener, Leichenbitter und Mädchenjäger saßen mit Zapfenschnurrbärten, wenn sie zufällig in die Peripherie des Saales gerieten, in die Nähe eines der großen Fenster.

Auch der Spitzentanz Raffaëlas verfing nicht mehr. Vergebens suchte sie mittels Duftigkeit, Sinnenrausch und Beschwingtheit der Schritte die Illusion eines Maientags aufrechtzuhalten. Ihr Odem wehte wie Höhenrausch. Ihre Nase karfunkelte.

Man stellte wohl in die Damengarderobe einen Petroleumofen. Aber das war wie ein Zündholz im Eisschrank.

Es ging nun auch nicht mehr an, daß der Vetter Flamettis, Herr Graumann, länger mit einem Pappkarton die Gebirgsbewohner der Schweiz photographierte.

So traf dieser Herr, Herr Graumann, Vetter Flamettis, eines Tags bei Herrn Schnepfe ein, just in dem Augenblick, als die Generalprobe zum ›Friedhofsdieb‹ stattfand.

Sehr erstaunt war Herr Graumann, seinen Vetter Flametti in einem langen, schwarzen Talar zu erblicken, als Richter vor einem Stoß Aktenmappen. Eine kleine, zierliche Knabengestalt, dem Richterstuhl gegenüber, schien prozessiert zu werden.

Es handelte sich um einen Friedhof und einen Topf, der gestohlen war; Blumentopf.

Auf der Mitte der Bühne stand eine vornehme Dame, wohl eine Baronin, mit Blicken, die halb auf den Richter, halb auf den Knaben gerichtet waren. Neben ihr krausköpfig ein schmächtiger Herr, der als Zeuge Emil Schmidt figurierte und offenbar seine Rolle noch nicht vollkommen beherrschte; er stammelte, stotterte, war in der größten Verlegenheit.

Herr Graumann trat näher, ein wenig verschüchtert von solch künstlicher Atmosphäre, und legte die Hand vor die Augen, die Szene prüfend auf ihren photographischen Gehalt.

»Von vorn!« schrie Flametti. Und es wiederholte sich der Auftritt, Zeuge Emil Schmidt, – Friedhofsdieb.

Und jener krausköpfige Herr kam mit dem Knaben durch die Kulisse herein, zitternd und bebend, so daß man ihn selbst für den Delinquenten hielt. Er legte mit irren Augen die Hand auf die Schulter des Knaben und sprach:

›Man immer ruhig, mein liebes Kind!
Die Wahrheit darf immer man sagen.
Dann kann man die Strafe, wie sie auch sei,
Mit leichterem Herzen ertragen.
Sprich frisch von der Leber weg.....‹

Engel hustete heftig. Das war nicht verwunderlich, denn hinter der Bühne zog es abscheulich.

Flametti aber war wie ein Stier vor dem roten Tuch, diesem Husten gegenüber.

»Laß das Husten sein!« schrie er und rüttelte seinen Amtstisch, »oder ich werf' dir die Glocke vor den Kopf!«

Eine Glocke gab es auch auf dem Amtstisch, konstatierte Herr Graumann.

Und Engel hustete kurz noch zu Ende, räusperte sich und fuhr fort:

›Sprich frisch von der Leber weg
Und was zur Tat dich getrieben.
Ein Richter ist streng nach Gebühr, wenn es muß...‹

»Hundsfott!« schrie Flametti, »ist das ein Vers?«

›Ein Richter ist streng, wenn sich's gebührt‹, berichtigte Engel, zitternd vor Ergriffenheit,

›Doch weiß er auch Nachsicht zu üben.‹

»Gut!« sagte Flametti, »weiter!« Und er selbst wandte sich an den Knaben:

›Tritt näher, mein Sohn, und habe nicht Scheu
Vor schreckender Tracht und Gebahren!
Und so du begangen hast, was es auch sei,
Hier kannst du es offenbaren.
Tritt näher und sprich! Vielleicht daß alsdann
Ein mildernder Umstand dir etwas Luft schaffen kann.‹

Und Flametti begleitete seinen letzten Satz mit einer erleichternden Bewegung beider Hände, von der Magengegend aufsteigend gegen den Brustkorb.

Herr Graumann fand diese Gerichtssitzung ein wenig romantisch, wenn auch nicht fremd. Hörbar lächelte er.

»Wer ist da im Publikum?« brüllte Flametti, die Hand vor den Augen, und ärgerlich über die neue Störung.

»Hallo Flametti!« rief Herr Graumann hinauf.

Und Flametti: »Ja, Menschenskind, wo kommst denn du her?« Die Glocke stellte er hin und sprang, im Richtertalar, herunter über die Rampe.

»Direkt vom Tessin!«

Da war die Probe vertagt. Die Probe war aus. Und Engel atmete auf.

Herr Graumann blieb, als Flamettis Gast, drei Tage, zur großen Freude des ganzen Ensembles, das er photographierte in allen möglichen und unmöglichen Posen; immer mit dem Pappkarton, den er mit schwarzem Tuch überzogen hatte, und mit dem er furchtbar penibel war. Die Bilder versprach er später zu schicken.

Herr Graumann war ein Original. Ein wenig glich er dem Wurzelsepp aus der bayrischen Bauernkomödie. Die ganze Schweiz bereiste er als Photograph. Mit dem Pappkarton. In die entlegensten Dörfer kam er. Und immer zu Fuß. Auch aus dem Tessin war er zu Fuß gekommen. Wind, Wetter, Eis und Schnee vermochten ihm wenig anzuhaben. Es war sein Beruf, zu wandern. Die Geschäfte brachten es mit sich.

Was wußte Herr Graumann für treffliche Schnurren zu erzählen! Manch ernsthaftes Abenteuer und Rencontre mit der Polizei. Unter Plattenreißern war er der yokerste.

»Herr Graumann!« rief Raffaëla taktlos, »wie riechen Sie schön nach den Kräutern!« und schöpfte mit der Hand von Herrn Graumanns Luft. »Ist wohl Farnkraut?«

Und Lydia: »Sagen Sie, Graumann, tragen die Wanzen auch Fahnenstangen, wenn sie Versammlung haben?«

Und Fred: »Sie, Graumann, wie macht man das: ›Graumannol‹?«

Denn Herr Graumann hatte in knappen Zeiten ein Mittel erfunden gegen Insektenstich.

»Man nehme«, sprach er, »Urin und Brombeersäure, füge dazu ein Fünftel Salzwasser, das durch die Kiemen von Klippfisch ging. Schüttle das Ganze.«

Reißend waren sie abgegangen, die dreißig Flaschen von je einem halben Liter à zwei Franken fünfzig, die er an einem sonnigen Mittag in Mußestunden verfertigt hatte am Ufer des Lago Maggiore, und die den Vergleich aushielten mit jedem Salmiakpräparat.

Herr Graumann nahm eine Prise, reichlich mit Glas untermischt, damit es die Schleimhäute redlich beize, und Raffaëla und Lydia drangen ihn, sie zu photographieren zusammen mit Lottely.

Das war nun nicht leicht, weil Lotte sich fürchtete vor dem zerfederten Eulengesicht des Herrn Graumann. Aber es ging. Ein halbes Dutzend Visit. Ein halbes Dutzend Kabinett.

Und Herr Graumann griff nach Stativ und Kasten und sagte:

»Bitte, den Kopf etwas schief! Bitte die Hand etwas höher! Bitte etwas freundlicher, sonst kann ich's nicht machen.«

Und schrieb die Bestellung in sein Notizbuch und nahm eine lächerlich kleine Anzahlung. Dann mußte er weiter.

»Kinder!« rief Raffaëla, »das wird ein Vergnügen! Der Mama schicke ich eins! Eins meinem Männe ins Feld! Eins dem Farolyi!«

Doch als Herr Graumann gegangen war, kehrte die alte Langeweile wieder.

Herr Engel, um eine Diversion zu haben, feierte den Namenstag seiner Tante, indem er in fremden Lokalen für eigene Rechnung ausbrach und sich entfesselte. Herr Schnepfe unterhielt sich mit seiner Frau über Tunis, allwo Frau Schnepfe Köchin gewesen war.

Schnepfe konnte das gar nicht für wahr annehmen. Hotelköchinnen in Tunis? Nach seiner, Herrn Schnepfes unmaßgeblicher Ansicht, waren HOTELS nicht angebracht in einer Himmelsregion, wo haarige Bestien meckernd über die Wüste strichen; wo Totengerippe und Schädel die Wege markierten. Frauenzimmer hatten dort nichts zu suchen.

Und da man allgemach nicht mehr ausgehen konnte – die Kälte riß einem die Ohren vom Kopfe –, so suchte sich jeder zuhaus nach Neigung und Temperament die Zeit zu vertreiben.

Bobby unternahm umfassende Korrespondenzen zwecks Wiederherstellung vernachlässigter finanzieller Beziehungen. Seine Mußestunden widmete er der Pflege der kleinen Lotte, schneuzte sie, tränkte sie, legte sie trocken.

Engel gab Herrn Meyer sachdienliche Ticks für ein Apachenstück, das Meyer zu Ehren Flamettis entwarf, und versenkte sich in das Studium medizinischer Schriften aus des Herrn Meyer Handbibliothek. Auch schrieb er die Sätze druckfertig ab, die sich aus dieses Meyer strotzender Feder wölbten.

Jenny und Rosa, ein Stockwerk tiefer, schneiderten orangefarbene Matrosenkostüme für ein neues Ensemble, die ›Commis voyageusen‹.

Herr Leporello, Parterre, hatte vertrackte politische Disputationen mit einem vierzigjährigen zelotischen Schriftsetzer, der selbstverfaßte revolutionäre Verse voller ästhetischen Klangs jeden Nachmittag, eh' er zur Arbeit ging, eine Viertelstunde lang, zielbewußt rezitierte.

Weniger friedlich beschäftigten sich die Damen Raffaëla und Lydia.

Solange noch Aussicht war auf Einladungen und Unterhaltung, auf Kavaliere und Konditorei, ging es an. Solange waren sie guter Laune und üppig.

Da ihnen Haushalt und Belletristik nicht lagen, gaben sie selbdritt der kleinen Lotte französischen Unterricht.

»Lottely, sag': ›Bon jour‹!« kreischte Raffaëla.

»Lottely, sag' ›Rabenmutter!‹« ärgerte sich Lydia und gab Raffaëla einen Stoß.

»Lottely, sag' ›Voulez-vous coucher avec moi?‹!« stichelte Raffaëla und schoß den Vogel ab.

»Gib das Kind her! Halt' doch deinen Mund!«, entrüstete sich Lydia. »Ich würde mich schämen! Was die dem Kind beibringt, diesem unschuldigen Seelchen! Gib das Kind her, du Fetzen!«

Und sie zerrten das schreiende Lottely hin und her, daß Lottely selbst nicht mehr wußte, wer da die Mutter war.

Am Abend indes bei der Vorstellung waren Mutter und Tante längst wieder versöhnt.

Übermütig und ausgelassen stocherten sie, wenn Bobby seinen Bogen schlug, mit den Angelruten der ›Nixen‹ durch die Kulissenwand nach Bobbys Bäuchlein und knäbischer Druse.

In der Garderobe kneipten sie mit den Lockenscheren die sanftmütige Rosa, daß diese, halb ausgezogen und mit beiden Händen den wertvollen Busen schützend, laut kreischend, bis auf die Bühne rannte.

Als aber die Kavaliere ausblieben und sich auch sonst nichts regte, wandte sich auch bei ihnen das Temperament mehr nach innen.

Das bißchen Vorstellung, die paar Tänze, der Schnack, das alles resorbierte sie nicht. Der Zirkus beschäftigt mehr, fordert mehr Kraftaufwand, bietet indes auch mehr Sensation und Belustigung.

Sie vermißten die nötige Reibung, den Zug, den Elan. Die Verpflanzung bekam ihnen nicht. Die Stille reizte sie auf.

Als man am Mittagstisch saß, kamen zwei Briefe an: einer für Lydia, einer für Raffaëla.

»Ein Brief von meiner Mama!« rief Lydia, riß das halbe Tischtuch mit, als sie aufsprang, und las gierig, mit langem Gesicht.

»Ein Brief von meinem geliebten Manne!« schrie Raffaëla und tanzte, den Brief in der Luft mit Küssen bedeckend, auf den Filzpantoffeln.

Leporello, neugierig, brachte seinen Kaumechanismus ins Stocken.

»Was schreibt se denn?« fragte er und schnitt auf dem Holztisch sein Brot.

»Ach, unsre liebe Mama! Das ist eine gute Mutter!«, schmachtete Lydia. »Meine lieben Kinder! Seid ja recht artig und zankt euch nicht!...«

»Ach, mach' nicht so'n Getöse!« rief Raffaëla. »Du mit deinem Geschmachte! Als wenn es nur *deine* Mutter wäre! Meine Mutter ist's ebensogut!«

»An mich ist der Brief adressiert!«

»Weil du beständig den Hader bringst!«

»Ich?« kreischte Lydia, durchschaut. »Unverschämte Person!«

Und schon lagen sie sich in den Haaren.

Die Briefe von Mutter und Gatte vermischten sich unter dem Tisch. Lottely, die soeben noch munter mit ihrem Zinnlöffel den Tisch bearbeitet hatte, ließ ab von dieser Beschäftigung und suchte mit einem resolut angesetzten, heulenden »Bäh!« die Aufmerksamkeit ihrer Mutter von der sympathischen Lydia abzulenken.

Flametti schimpfte und Lepo zog unter dem Tisch sein Sprungbein an, um einzugreifen, falls der Streit peinlichere Dimensionen annehmen sollte.

Jenny allein beschwichtigte:

»Kinder, na setzt euch! Das Fleisch wird ja kalt!«

Es wurde schlimmer von Tag zu Tag. Die wahre, die Zirkusnatur kam zum Vorschein.

Welch ein Schreck für das ganze Ensemble und auch für Herrn Schnepfe, als eines Tags in der Vorstellung die Eisenstütze des Drahtseils, die am Parkett des Herrn Schnepfe festgeschraubt war, ganz unvermittelt herausbrach, samt einem halben Quadratmeter Parkett!

Raffaëla tanzte gerade den Matchiche. In fliederfarbenem Satinröckchen, den einen Fuß vorschiebend über den ›Telegraphendraht‹, wie Flametti zu sagen pflegte, den andern Fuß nach rückwärts hoch in die Luft geschlagen, den Japanschirm in gezierter Hand, hielt sie bedacht die Balance, so heftig schaukelnd und mit dem Japanschirm schlagend, daß die Petroleumhängelampen des Herrn Schnepfe in blutiger Majestät sich verfinsterten.

Schon hatte sie die Mitte des Seils erreicht: da krachte der Boden. Der Eisenträger neigte sich und das ganze Spektakel, Raffaëla im Fliederkostüm, der Japanschirm, das vorgeschobene Bein und das hochgeschlagene Bein, fielen auf dem geknickten Telegraphendraht ineinander.

»Ach Gott, meine Schwester!« schrie Lydia, als stürzte ein Neubau zusammen, »helft ihr doch! Zieht sie doch heraus! Ach, ihr lieben Leute, helft ihr doch!«

Es war jedoch nicht viel passiert. Das Seil war nur ein Meter achtzig hoch gespannt. Raffaëla lag wohl am Boden, der Schirm daneben. Aber sie schien sich nur auszuruhen. Abgestürzt war sie aus luftiger Höhe und dem Publikum bot sich Gelegenheit, ihre Schenkel zu besehen, wie man eine Schwalbe besieht, die sich an schwindelnder Kirchturmspitze den Kopf einstieß und nun plötzlich, den Blicken der Gaffer preisgegeben, ganz nahe am Boden liegt.

Aus dem Schreck kam man nicht mehr heraus. Immer fiel seit diesem Begebnis Raffaëla irgendwo herunter.

Von der Bühne fiel sie herunter und hätte sich fast das Bein gebrochen.

Von der Treppe fiel sie herunter; polternd kam sie angerutscht. Und man mußte den Arzt holen.

Vom Draht, der jetzt der Länge nach durch das Lokal gespannt war, fiel sie ein zweites Mal herunter, mitten auf einen mit Gästen besetzten Tisch, wo sie, zwischen Biergläsern, verdutzt und verschämt einen Augenblick lächelnd stehen blieb, eine bierschaumgeborene Venus. Bösartig aber gebärdete sich Lydia.

Sie schimpfte aufs Essen, auf ihr kaltes Zimmer, auf die Männer, die samt und sonders Sklavenhalter und Ausbeuter, Tagediebe und Unterdrücker seien, die kein Geld herausrückten.

Sie lieh Jennys Petroleumofen aus und gab ihn, ausgebrannt, ruiniert und durchlöchert zurück. Hin war der Respekt vor Flametti und seinen ›Indianern‹.

Wenn sie Flametti sorgfältig sich schminken sah in der Garderobe, schminkte sie selbst sich in niedriger Farcerie ostentativ einen Körperteil, von dessen Ausbeutung für Theaterzwecke selbst die Wilden der Südsee sich nichts hätten träumen lassen.

»Wart' nur! Ich werd' es der Mama schon schreiben!« rief Raffaëla verletzt und entrüstet.

Aber dann brach die empfindsame Lydia in heftige Tränen aus:

»Nicht einmal Spaß darf man machen! Was hat man denn noch vom Leben? Aufhängen möchte man sich!«

Und als eines Tages sich Leporello die Freiheit nahm, mit Flametti zusammen einen Rennstall zu besichtigen, brach zwischen Lydia und Lepo ein solch abgründiger Haß aus, daß sich Herr Schnepfe genötigt sah, noch spät in der Nacht mit seinem prämierten Wolfshunde einzuschreiten.

»Judenverkäufer! Bandit! Unterdrücker! Schmierfink!« schrie Lydia, von Raffaëla gezaust und von Lepo zerdroschen, daß es weithin den Gang und das Haus durchgellte.

Sogar Jenny, die sich in Wahrheit aufopfernd benahm – sie lieh ihren Protegés das halbe Boudoir aus, Brennschere, Seife, Nachttopf, Benzin –, wurde in Mitleidenschaft gezogen.

»Du, Jenny«, sondierte Raffaëla, als sie an Jennys Namenstag traulichen Streuselkuchen zum Kaffee bekam, »wie ist das denn mit der Traute geworden? Schreibt er ihr noch? Der schreibt ihr doch sicher noch! Meinst du nicht auch?«

»Nein, nein«, meinte Jenny bedeutungsvoll, »der schreibt ihr nicht mehr. Dem ist die Lust vergangen. Das hat sich ausgeschrieben.«

Und einige Tage später: »Du, Jenny, der hat was mit der Soubrette. Der Lepo auch. Gib mal acht, wenn sie singt! Ist dir denn das noch nicht aufgefallen?«

»Geh'«, sagte Jenny, »du träumst!« Aber sie nahm sich vor, auf der Hut zu sein.

Und Raffaëla in ihrer Strohwitwenschaft, leistete sich's, mit Flametti anzubändeln.

Sie hielt ihn nach alledem, was Jenny ihr anvertraut hatte, für einen Naivling.

Schon duzten sie sich, trotz Flamettis erklärter Antipathie, als eines Tags Jenny dahinterkam in der Garderobe.

»Was ist denn nun das?« schrie sie, hochrot und abgetrieben von dieser ewigen Hetzjagd hinter dem Gatten her, »mit einer verheirateten Frau fängst du auch noch an? Hast du noch nicht genug mit dem einen Prozeß? Willst du uns ganz ruinieren?« »Und du, Raffaëla, schämst du dich nicht?«

»Prozeß? Prozeß?« staunten Lydia und die Soubrette zugleich.

Herr Meyer aber verfinsterte sich noch tiefer.

Während Herr Engel, sein Sekretär, Fortschritte machte in der druckfertigen Abschrift des langsam anschwellenden Apachenstücks, gönnte Herr Meyer seiner Inspiration nicht Ruhe noch Rast.

Tag und Nacht saß Herr Meyer, durchstreichend, was er geschrieben, neu ordnend, was sich nicht fügen wollte. Ja, es konnte passieren, daß die Inspiration ihn in Momenten heimsuchte, die in der restlosen Hingabe an Fräulein Laura gipfelten; daß es ihn aus dem Schlaf auftrieb inmitten der Nacht. Dann schnellte er aus dem Bett mit gesträubten Haaren, und nicht ließ er locker, bis daß der Gedanke gefesselt war.

»Laura«, sagte Flametti, als eines Tags Herr Meyer wieder mit völlig gelähmten Augenlidern bei Tisch erschien, »sagen sie doch dem Meyer, er soll sich nicht gar so quälen mit seinem Ensemble. Wissen Sie: ›Die Apachen‹ – offen gestanden – gefällt mir nicht recht.«

»Verstehen Sie wohl: gefällt mir schon. Aber es ist zu direkt. Das Publikum stößt sich dran. Man muß Rücksicht nehmen. Außerdem wird es nächstens bei uns entscheidende Veränderungen geben.«

Fräulein Laura machte große Augen.

Sie hatte mit Engel bereits den ›Apachentanz‹ einstudiert, der zwischen Messergefunkel und einem entrissenen Portemonnaie viel rüde Körpergymnastik und mancherlei Aneinanderpressen der Hüftbecken mit sich brachte.

»Veränderungen?«

»Ja, Veränderungen. Im Vertrauen gesagt: Mit den Zirkusleuten – das geht so nicht mehr. Leporello – allen Respekt. Aber die Weiber – unmöglich. Meine Frau hat sie engagiert. Wir brauchten Ersatz für die Häslis. Gut. Aber jetzt ist es so weit, daß sie selbst schon verrückt wird.«

Und als Fräulein Laura erschrocken und sehr besorgt nach Worten suchte:

»Der ganze Kram ist mir über. Es gibt keine Achtung mehr, keinen Respekt in der Welt. Keine....«

»Grandezza«, wollte er sagen. Er suchte das Wort, fand es nicht und ersetzte es durch eine Geste.

»Nur Gemeinheit. Auch meine Frau: sie meint es ja gut. Aber vom Höheren versteht sie halt nichts. Die Weiber haben das an sich: sie sind gemein. Niederträchtig alle. Das ist es. Sie sind aus Prinzip gegen das ... das ...«

Wieder blieb ihm das Wort aus.

»Sie sind aus Prinzip dagegen. Leer sind sie und dumm wie der Teufel. Alles ziehen sie in den Dreck. – Sie hat mir den Zirkus ins Haus gebracht. Wer weiß, warum. Vielleicht nur, weil sie's allein nicht schaffen konnte. Man kommt auf den Hund.«

Laura versuchte zu lächeln.

»Ach was! Depressionen!« rief sie und schwenkte den Lockenkopf. »Geht vorüber. Sowie der Besuch sich hebt. Sowie der Erfolg einsetzt. Müssen es denn gerade die ›Indianer‹ sein? Es gibt doch andere Nummern!«

Aber Flametti schüttelte den Kopf.

»Unverstand von der Jenny. Ah, diese ganze schäbige Wirklichkeit! – – Schad', daß der Türke hoch ging. Es war eine Beruhigung, so einen Mann in der Welt zu wissen; solch eine Quantität von Opium, Kokain und Haschich.«

Laura lächelte, gütig, bewundernd.

»Eine Freundin von mir, Russin, hat Kokain. Ich werde ihr schreiben...«

Und eine zarte Sympathie entstand zwischen beiden, Anlaß zu manchem Vertrauen.

Eines Tags aber sah man Flametti ganz besonder niedergeschlagen.

Eine Vorladung war gekommen, vom Bezirksanwalt. ›Mißbrauch und Mißhandlung von Dienstpersonal, Verführung Minderjähriger‹. Traute und Güssy hatten Anzeige erstattet.

»Was hast du gesagt?« bestürmte Jenny den Gatten, als er vom Untersuchungsrichter zurückkam.

»Was hab' ich gesagt?« brummte Flametti, »das kannst du dir denken. Es kommt zum Prozeß.«

VI

Herr Leporello hieß mit Vornamen Emil.

Er war schlank, lang, geschmeidig. Zwei mächtige Eckzähne, blitzende Augen, ein heiserer Baß geben einen Begriff seiner Persönlichkeit. Besonderes Merkmal: steifer, schleifender Gang der Zirkusleute, die sich bei einer verwegenen Pièce einen Bruch geholt haben. Auch seine Weste war eine Weste, wie man sie nur beim Zirkus trägt; goldfarbig, Tapetenmuster mit allerhand Schnörkeln und Tressen.

Dieser Leporello Emil, Artist, geboren 17. März 1883, bekam seine Kriegsbeorderung just an dem Tage, da seine Tante Geburtstag hatte.

»Emil!« wehklagte Lydia, »ach, Emil! Die Beorderung!«

Ihr Schmerz kannte keine Grenzen. Und obzwar dieser Schmerz keineswegs affektiert war, stand er doch in einem so auffallenden Gegensatz zu Lydias früherem Benehmen, ihrem Haß, ihrer Verachtung, wovon man in Basel gelegentlich der nächtlichen Szene mit Herrn Schnepfes prämiertem Wolfshund ein Beispiel gesehen hat, daß es Lydia selbst zu Bewußtsein kam.

»Ach, ich weiß gar nicht«, seufzte sie und die Hände fielen ihr in den Schoß, »ich möchte gar nichts mehr hören und sehen, seit ich weiß, daß mein Emil in den Krieg muß. Ach Emil, wie wird das enden!«

Aber Emil war guten Mutes.

»Ho ho!« lachte er gedrückt, ohne die Eckzähne zu zeigen, »laß man jehen! Ick bin froh drum. Det Vaterland ruft. Da jibts keene Zicken.«

Und dann nahm er sein Handköfferchen eines Tags und hatte den Paletot an und den Regenschirm in der Hand und verabschiedete sich.

Lydias Augen hingen an ihm wie leere Sonnenblumen im Herbst, auf die es geregnet hat.

»Ach, ihr lieben Leute! Mein guter, lieber Emil! Jetzt geht er dahin und wer weiß, ob er wiederkommt.«

Und sie streckte sich auf den Zehenspitzen, umarmte und küßte ihn, und stellte immer wieder ihr eigenes Handtäschchen dabei auf den Boden; denn sie begleitete ihn bis zur Grenze.

Aber Emil war guten Mutes und sagte:

»Herrjott nochmal! Man meent ja, es jeht in die Ewigkeit!«

Er hoffte, draußen schon Kameraden zu finden. Es gab dort gewiß lustige Brüder genug. Tarock spielen würde man sicher auch dort. Als Froschmensch wird es ihm leichter fallen, sich in der Kriegsgymnastik zurechtzufinden. Und es gab Bilder in den ›Illustrierten‹, aus denen hervorging, daß auch da draußen nicht immer nur die Granaten platzten.

Und so reiste er ab.

Man spielte jetzt wieder im ›Krokodil‹. Basel war doch nicht das Richtige. Man war zur Fuchsweide zurückgekehrt. Warum auch nicht? Die Polizeibuße war bezahlt. In der Fuchsweide war man zu Hause. Und wo man zu Hause ist, da soll man sich nähren.

Freilich hatte sich hier in der Zwischenzeit vieles geändert. Es war nicht die alte Fuchsweide mehr. Ein neues Polizeiregiment war aufgekommen. Ein andrer Inspektor. Es wehte ein schärferer Wind.

Die Annehmlichkeiten des ›Krokodilen‹ waren die alten. Das Klavier vorzüglich. Die Heizung brillant. Biermarken im Überfluß.

Aber die Polizei hatte heftige Lücken gerissen ins Publikum. Hin war der mondäne Glanz. Hin war die Freude. Verschwunden die Habitués. Verschwunden der ›Totenkopf‹ und seine Schwester. Verschwunden Fräulein Amalie. Verschwunden Herr Pips. Verschwunden der Herr Krematoriumfritze, der all sein Geld verjuckt und mit der Dame in Feldgrau ein von der Polizei nicht gern gesehenes Verhältnis auf Gegenseitigkeit unterhalten hatte.

Dagegen gab es nun in der Fuchsweide ein ›Organ‹: ›Die Zündschnur. Organ gegen die Übergriffe der Polizei und des Kapitalismus‹, redigiert von Herrn Dr. Asfalg, einem ehemaligen Freund und Studiengenossen des derzeitigen Polizeihauptmanns.

Herr Dr. Asfalg, ein Schwärmer und Utopist, ließ sich die Interessen der Fuchsweidenbewohner sehr angelegen sein.

Als der neue Polizeihauptmann, Herr Adalbert Schumm, eines Tages höchst persönlich im ›Krokodil‹ erschien, um nach dem Rechten zu sehen, kam es zu ganz privaten Auseinandersetzungen und Ohrfeigen zwischen ihm und seinem ehemaligen Keilfuchs, und die Szene endete so, daß Herr Polizeihauptmann Schumm, der incognito da war, den Schauplatz mit Schimpf und Schande verlassen mußte, weil ihn anders das schwere Geschütz des Dr. Asfalg, eine Gruppe Schlachthausgehilfen, in Grund und Boden geschlagen hätte.

Und wenn auch Herr Dr. Asfalg den Kampf in der Folge mehr ins ideelle Gebiet hinüberspielte, so waren doch solche erregte Läufte den Musen nicht günstig.

Herr Polizeihauptmann Schumm dekretierte:

»In allen Konzert- und Vergnügungslokalen der Fuchsweide untersage ich hiermit ab 1. Dezember die Schaustellung wilder Tiere, dressierter Löwen, Bären, Affen; Bärenringkampf, singende Schakale, sogenannte Meerweibchen etc. Dergleichen untersage ich die Verwendung von Schlagzeug, große Trommel, Pauke, Tschinelle, Schrummbaß bis auf weiteres. Wer diesem Verbot zuwiderhandelt, wird mit Polizeibuße bestraft bis zu dreihundert Franken.«

Und Herr Dr. Asfalg erwiderte in der ›Zündschnur‹:

»Wir kennen die wilden Tiere, Tiger, Füchse und Affen der Polizei. Es bedarf keiner Hinweise. Wir werden uns bemühen, sie um die Ecke zu bringen.

Wir kennen auch den Schrummbaß der Polizei. Es ist ein Instrument, das rasselt, wenn man es auf den Boden stößt. Wir werden dahin wirken, daß auch dies Instrument verschwindet.

Wir stellen uns auf den Boden der nacktesten Wirklichkeit. Wir werden in Unterhosen die Nationalhymne singen. Wir werden in Schnurrbartbinden unsre Ensembles aufführen, statt uns Masken zu schminken. Wir werden uns Bäuche stopfen und Scheitel ziehen wie sie Herr Adalbert Schumm zur Schau trägt, und werden auf diese Weise hottentottischer wirken als, nach dem Urteil der Polizei, alle wilden Tiere und Pauken zusammengenommen.« (›Zündschnur‹, Nummer 3, vom 18. Dezember).

Und ein andermal, (Nummer 4, Seite 3): »Man lasse dem Volk seine harmlosen Freuden. Wie sagt doch der Dichter: ›Freude, schöner Götterfunke, Tochter aus Elysium!‹«

»Jene aber, Verräter an der Notdurft der Menschheit gehen darauf aus,« dem Leben seinen holden Schimmer, seinen Flaum zu nehmen, gez. Dr. A.«

Und als eine neue Razzia stattfand, konnte man in der ›Zündschnur‹, Nummer 6, Jahrgang I, die Sätze lesen:

»Freunde! Mitbürger! Genossen!

Hört! Euer Bestes, euer Gemüt ist verdächtig. Vor Gericht ist alles Gemüt verdächtig. Gemüt kennzeichnet unseren Henkern Menschen, die auf suspekten Wegen gelitten haben und zermürbt sind. Gemüt ist für sie Opposition und Verschwörung. Gemüt ist das Merkmal von Menschen, die renitent sind, waren oder sein werden. Gemüt ist Eigendünkel und eine Gefahr für sie. Leute von Gemüt gehören in Untersuchungshaft. Man recherchiert mit Recht und Erfolg nach kriminellen Akten von ihnen. *Legt euer Gemüt ab!*«

Bei solchen Ergüssen war es erklärlich, daß das Geschäft litt, daß sich die Habitués verflogen. Gerade der letztere Artikel wurde deshalb von direktorialer Seite sehr angefeindet. Sein ironischer Ton war leicht mißzuverstehen.

›Legt euer Gemüt ab!‹, das konnte auch heißen: Meidet die Vorstellungen! Gebt keine Gelegenheit, euch zu fassen!

Das mußte dem Publikum Angst einjagen, es abhalten, zu kommen.

Der Dr. Asfalg in seinem Fanatismus ging entschieden zu weit, begann der Sache zu schaden. Und erreichen, der Polizei gegenüber, konnte er doch nichts. Sie hatte die Macht. Sie hatte vom Staat die Befugnis, zu ›säubern‹. Und wenn man Sauberkeit, Ordnung und Rechtlichkeit anerkannte, dann mußte man auch die Polizei anerkennen.

Nur den vereinten rhetorischen Anstrengungen der Direktionen gelang es, den Besuch ein wenig zu heben.

Neben herausgebügelten Bauernweibern, die in der Stadt ihre Einkäufe besorgten, saß ein französischer Invalide, dem beim Aufstehen die Krücken fielen. Neben dem Seifensieder, den die Reklameaufsätze der ›Zündschnur‹ angelockt hatten, saß eine brotlose Köchin, voller Entschluß, unsittlich zu werden und sich im Varieté den entscheidenden Stoß zu holen.

Dabei reklamierte Herr Schnepfe von Basel aus zwei turmhohe Rechnungen über gehabte Extraschnitzel, Hähnchen, Schnecken der Damen Raffaëla und Lydia, die unter Nichtbegleichung der Zeche Knall und Fall abgereist waren.

Man trat im ›Krokodil‹ jetzt auf in Jennys neuen Orangekostümen.

Es war eine Sensation.

Jenny in diesem Matrosenkostüm sah aus wie Suppenkaspar auf Reisen. Rosas gemäßigte Hammelbeine daneben standen mit durchgedrückten Waden wie gedrechselt aus einem Stück, ohne Gelenke und Knöchel. Die Spatzenbeine der Soubrette gaben der Linie der drei Chanteusen einen wenigstens in der Perspektive harmonischen Abschluß.

Interessanter wurde das Bild, wenn die drei Damen sich dann vorn Profil her boten.

Mit einem gerissenen Haken schwenkte Herr Meyer auf dem Klavier:

> ›Da geh'n die Mädchen hin,
> Da sitzt der Jüngling drin,
> Da ist's, wohin sich alles zieht.‹

Das rechte Bein der Damen hob sich dreifach. Die hinterste Hosennaht der Matrosenkostüme, prall ausgefüllt mit Unterwäsche, schwankte, zuckte, zackte.

Losmarchierten die drei, mit zum Publikum geneigten Köpfen und gewinnender Eleganz.

Aber es war kein Erfolg. Und das hatte weniger ästhetische als moralische Gründe.

Es gelang den Damen Raffaëla und Lydia nach Leporellos Einberufung nicht länger, ihre Renommee aufrechtzuerhalten. Die Hochachtung schwand. Der Respekt der Apachenpartei erfuhr eine Ernüchterung. Man kam dahinter, daß die Vornehmheit der Zirkusartisten nur Getue gewesen war.

Es stellten sich allerhand ehrenrührige Fakta heraus. In früheren Zirkusengangements sollen sie schürzenvoll das Kleingeld weggeschleppt haben. Noch jetzt fand man unten am See, wo die Zirkusse standen, bei eifrigem Suchen und zufälligen Gängen Kupfer- und Silbermünzen, die beim Wegschleppen der Gelder zu Boden gefallen waren.

Es stellte sich auch heraus, daß Lydia und Raffaëla keineswegs Artisten von Kindesbeinen auf waren, Artisten, die gewissermaßen schon an der Mutterbrust in Spagat ausbrachen. Im Gegenteil: Frau Scheideisen war Hebamme gewesen, eh' sie zum Zirkus ging und sich Donna Maria Josefa nannte.

Raffaëla und Lydia legten auch keineswegs Wert darauf, mühevoll Renommee und Distanz zu wahren.

Raffaëla hatte die Hände voll Arbeit mit ihrem Kinde. Lydia ging auf in der Sehnsucht nach dem entschwundenen Gatten.

»Ach, mein Emil! ach, mein Emil!« jammerte sie und die Tränen standen ihr in den Augen. Die Sehnsucht verstörte ihr kleines Gehirn. Die Augen flossen ihr aus.

»Ach, Emil! ach, Emil! wer hätte das denken können!«

Hinauf lief sie in ihr Zimmer und schleppte die Photographieständer herunter, während der Vorstellung, um sie den Gästen zu zeigen.

»So hat er ausgesehen. Das ist er. Ach, mein guter Emil! Sie haben ihn sicher schon totgeschossen!«

Und wenn sie dann die Photographien ansah – da stand Emil Leporello, freundlich lächelnd mit Augen eines Dompteurs, den Arm in die Seite gestützt, die Beine übereinander geschlagen – und sich vergegenwärtigte, wie er zerhackt und geviertteilt auf einer Rasenbank in Sibirien den Raben zum Fraß überlassen dalag und nach ihr rief: ›Lydia, hierher, zu mir!‹ dann brach ihr das Herz. Herunter hing ihr der Unterkiefer, herunter hingen ihr die Augenlider, die Arme.

Ein kleiner Tropfen bildete sich an der spitzen Nase. Ausbrach sie in lautes Heulen und war untröstlich.

Umsonst versicherte man ihr, er sei gewiß noch in der Kaserne, und wer weiß, ob er jemals, wenn er doch nur seine Eckzähne habe und nicht gut beißen könne, hinauskomme in den Schützengraben.

Kein vernünftiges Wort verfing. Kein Scherzwort genügte ihr. Sie hatte genug von der Welt. Dem Hauptmann wollte sie schreiben, hinreisen zu ihm, sich niederwerfen vor ihm, sich ihm anbieten zu jeder Schmach, wenn er ihr nur ihren Emil wiedergebe. Eine Deklassierung der Zirkusartisten fand statt, eine Nivellierung innerhalb des Ensembles.

Ja die Apachenpartei, die unter empfindsamen Regungen weniger litt, gewann langsam wieder die Oberhand.

Monsieur Henry, der Ausbrecherkönig, beherrschte jetzt völlig die Rolle der Zeugin Emilie Schmidt. Und Herr Piener, der Schlangenmensch, unter dem überragenden Druck der Begabung Leporellos nicht länger leidend, arbeitete sich unter täglichen Trainagen und Fräulein Lauras geneigter Assistenz langsam wieder in den Vordergrund.

Einen wirklichen Knacks aber erlitt die moralische Situation des Ensembles, als man dahinterkam, Flametti habe einen Prozeß, und als man erfuhr, um was für einen Prozeß es sich handelte.

»Kinder!« rief Raffaëla, und ein Licht ging ihr auf, »habt ihr gehört, was der Alte für einen Prozeß hat? Verführung Minderjähriger, das Schwein. Soll man das glauben? Schabernackelt hat er mit der Güssy und mit der Traute!«

Sie setzte sich – es war im Zimmer des Pianisten und der Soubrette – und ließ die Hand auf die Tischkante fallen.

»Das ist nichts Neues«, meinte Bobby, der für Laura Zigaretten besorgt hatte und den fadenscheinigen Wollschal, der ihm von der Schulter gerutscht war, über die Schulter zurückwarf. »Schon in Bern hat er mit denen was gehabt, bevor sie noch zu uns kamen.«

»Ja, Kinder, das ist ja die Höhe!« rief Raffaëla in ihrer emphatischen Weise. »Die stecken ihn ja ins Zuchthaus! Was machen wir nur?«

»O jeh!« winkte die Soubrette ab und verkniff zynisch das linke Auge. Sie wußte noch ganz andere Dinge. Aber sie wollte nicht reden.

Auch Lydia kam jetzt ins Zimmer.

»Hm, so was!« sagte sie und nickte sorgenschwer. »Das ist doch ein Skandal! Der alte Esel!«

Man wohnte jetzt im ›Krokodil‹. Lydia, Raffaëla und Lotely, der Pianist und die Soubrette hatten je ein Zimmer im kleinen HOTEL. Zu den Mahlzeiten ging man hinüber in Flamettis Wohnung.

Herr Meyer kam zurück von der Bibliothek. Er arbeitete noch immer an seinem Apachenstück.

»Vor allem eins«, sagte er. »Ruhig Blut. Ich habe das lange kommen sehen. Schon in Basel. Es ist mir nichts Neues. Im schlimmsten Fall machen wir selbst ein Ensemble. Wir sind eins, zwei, drei, vier, fünf, sechs Leute, die alle etwas können. Engel macht seine Ausbrechernummer. Bobby macht den Schlangenmenschen. Sie beide tanzen. Ich spiele Klavier. Es müßte doch mit dem Teufel zugehen, wenn wir keinen Erfolg hätten. Außerdem habe ich ein Apachenstück geschrieben, glänzend. Das führen wir auf. Aber: Diskretion!«

Damit waren alle einverstanden. Leise sprach man, denn die Wände im ›Krokodil‹ waren dünn wie Papier. Lattenverschläge waren die Zimmer, mit Tapeten bezogen. Meterlange Risse klafften hinter den Betten. Und wenn ein Bekannter Flamettis, etwa der Hausknecht, zufällig horchte, war man verkauft und verraten.

Nur Engel hatte Bedenken. Ihm war die Karriere verleidet.

»Nein, nein«, sagte er traurig und am Ende mit seiner Kraft, »ich hab's satt. Ich mache nicht mehr mit. Mich müßt ihr streichen.«

Und sei es nun, daß er an Flametti nicht zum Verräter werden wollte, oder die Luft zu brenzlich fand, oder noch litt unter den Nachwehen der Proben zum ›Friedhofsdieb‹: er lehnte ab, gab es auf, ›verzichtete auf seine Mitwirkung‹.

Meyer war überrascht.

»Das ist unmöglich, Engel! Das tun Sie uns nicht an. Das geht nicht.«

Aber Engel zuckte die Achseln:

»Ich hab' ja ein wenig Geld auf der Kasse. Ich brauche nur zu schreiben und fünfhundert Franken sind da. Ich kann mich beteiligen. Aber nein, nein. Ich hab' keine Lust mehr. Ich nehme eine Vertretung an. Ich habe Beziehungen.«

Und er zog eine Geschäftskarte aus der Tasche. Darauf stand: ›Original- Ideal- Perplex- und Simplex-Mühlen Schrot- und Mahlmühlen für Zerkleinerungen jeder Art Plupper & Co. Vertretung.‹

Und spuckte aus, die Zunge über den Zähnen, und ging mit vermiestem, völlig desillusioniertem Gesichtsausdruck, die Beine schlenkernd, durchs Zimmer.

»Da ist nichts zu machen«, bedauerte Meyer.

Er legte Engel die Hand auf die Schulter, sah ihm tief in die Augen und sagte:

»Na schön, Engel, dann nicht. Aber bleiben Sie uns gut Freund.«

»So weit es an mir liegt«, versicherte der und reichte dem Meyer zitternd vor Ergriffenheit die Hand, »ein Mann, ein Wort.«

Flamettis Prozeß war binnen kurzem stadtbekannt. Und wie es zu gehen pflegt, wenn eine solche Sache publik wird: man zog sich zurück von ihm, nahm Partei gegen ihn, fand ihn übertrieben naiv und reichlich ungeschickt. Man verurteilte ihn.

Im ›Intelligenzblatt‹ erschien ein Brandartikel, ›Moderne Sklavenhalterei‹ worin Punkt für Punkt Flamettis unhaltbare Geschäfts- und Familienpraxis ans Licht gezerrt wurde.

›Ein Direktor, der zugestandenermaßen nichts von Gesang versteht‹, hieß es in jenem Artikel, dessen Verfasser keinen Anspruch erhob, als Autor genannt zu werden, ›ein Direktor, der zugegebenermaßen nicht das leiseste Tonunterscheidungsvermögen besitzt, hält sich eine Anzahl Gesangseleven, denen er seine sauberen Künste beibringt; Gesangseleven, die er zugleich als Dienstboten benutzt; die er zwingt, ihm zu Willen zu sein, und denen er doch als Entgelt nur schlechte Behandlung verabfolgt.‹

›Ein Morast sittlicher Verkommenheit enthüllt sich, wenn man die Schlupfwinkel dieser modernen Sklavenhalterei, diese Brutstätten des Elends aufsucht. In Kellern und Hinterhäusern hausen die Kondottieri der Lasterquartiere und Dirnenviertel. Ein Absteigequartier dient als Schauplatz wilder Gelage, als Treff- und Versammlungspunkt, wo man die Beute verspielt. Mädchenhändler und Bauernfänger, Roués der hintersten Sorte geben sich hier ein Stelldichein. Und der Direktor preist seine Ware an. Wahrlich, es ist an der Zeit, daß die Polizei einschreitet und diese Schlupfwinkel säubert.‹

So stand es geschrieben und wenn auch Flamettis Name nicht genannt war, so wußte doch jeder, daß der Artikel auf ihn ging.

Beim großen Artistenfest in der ›Weißen Kuh‹ reichte man sich den Artikel von Hand zu Hand, ein klebriges Heiligtum, mit verständnissinnigem Lächeln und unterdrücktem Gezwinker.

Da war besonders Herr Köppke, Baritonsolo und Offiziersdarsteller bei Ferrero, der laut Partei nahm für die beiden Mädel und die Moralität.

»Schweinerei von dem Menschen«, erklärte Herr Köppke mit der Resonnanz eines Gemeindesängers, »Blamage für unseren ganzen Stand. Die Konzession werd' ich ihm entziehen lassen. Seinen Ausschluß aus dem Klub werde ich beantragen. Das geht doch zu weit!«

Herr Köppke war Schriftführer der Artistenloge ›Edelstein‹, deren Logenbruder auch Flametti war.

»Haben Sie schon gelesen?« sagte Herr Köppke und steckte Meyer das ›Intelligenzblatt‹ zu. »Lesen Sie mal!«

Und Herr Meyer las, und Herr Köppke begab sich unauffällig an seinen Platz zurück.

79

Eine Schlägerei fand statt zwischen Flametti und Herrn Köppke in der ›Rabenschmiede‹, einige Tage später, daß zwei Tische und drei Stühle in Trümmer gingen, sowie zwei präparierte Hasenköpfe mit Glasaugen, die der Beizer der ›Rabenschmiede‹ aus seinem Privatbesitz zur Ausschmückung des Lokals herangezogen hatte.

Das Renommee Flamettis ging flöten. Langsam, aber sicher.

Noch hatte er viele Freunde, und seine treueste Helferin war Mutter Dudlinger, die ihm, stets lächelnd, im Hintergrund heimlich die Stange hielt.

Noch hatte Flametti das Kapital hinter sich.

Noch konnte er auftrumpfen, sich sehen lassen, wenn das Geschäft auch täglich schlechter ging.

Als aber in der Silvesternacht die Polizei vier Mann hoch in Mutter Dudlingers Wohnung eindrang, wobei Herr Engel in knapper Not durch das Lokusfenster über die Dächer entkam, da schloß Mutter Dudlinger die offene Hand und versagte.

Lydia und Raffaëla rebellierten jetzt ganz offen.

Geschäft und Auftreten wurden ihnen täglich mehr Nebensache. In der Garderobe saßen sie herum, wenn das Klingelzeichen längst gegeben war. Sie beeilten sich gar nicht sonderlich, sich zu schminken, noch legten sie Wert darauf, pünktlich zur Vorstellung zu erscheinen. Herr Meyer war gezwungen, von Tag zu Tag längere Zwischenstücke zu spielen. Andere Nummern mußten eingeschoben werden, weil Raffaëla mit ihrer Frisur nicht fertig war für den Drahtseilakt, weil Lydia zum Cakeswalk erschien ohne das Zierstöckchen und ohne Knöpfe am Anzug, die ihr die Schwester in der Garderobe mutwillig abgetrennt hatte.

Sie aasten ganz offensichtlich, Flametti zum Trotz. Sie tanzten ihm auf der Nase.

Wenn Flametti mit einem Donnerwetter dreinfuhr und sich beklagte, nahmen sie wohl die Kassiermuschel und gingen sammeln. Doch sie vergaßen dann ganze Reihen zu kassieren, tauschten Späße mit den Gästen und schienen auf alles andere eher bedacht als auf gute Kassierung.

Sie hatten Interesse nur noch für die Mahlzeiten, die Flametti ihnen zu bieten hatte.

Pünktlich um zehn Uhr früh erschienen sie zum Kaffee. Flametti und Jenny schliefen dann noch.

Sie drangen in die Küche, schoben die blöde Rosa beiseite und durchstöberten Kisten und Kasten nach Honig, Gelee und Butter. Was ihnen bei solcher Razzia in die Hände fiel, aßen sie auf.

Die kleine Lottely hatten sie mitgebracht. Die stopften sie voll Brot, Kaffee und Gelee, daß der Mund des Kindes aussah wie ein Kleistertopf.

Pünktlich um zwölf Uhr stellten sie sich zum Mittagbrot ein; rasch, unverschämt und gefräßig.

Besonders Lydia übertraf alle Begriffe von Gier. Kaum erschien die Platte mit Fleisch oder Gemüse, so hatte sie schon die Gabel oder den Löffel zur Hand, und wer sich nicht seinerseits sehr beeilte, ging leer aus.

Sie aßen systematisch, überzeugt, mit Absicht. Sie aßen, als gelte es Vorrat zu essen ohne Rücksicht auf diesen geschwollnen Patron, der ihnen durch seinen ganzen Prozeß, durch sein ganzes schuldbewußtes Benehmen die Überzeugung eingab, es komme nun nicht mehr drauf an, Rücksicht walten zu lassen.

Während des Mittagessens aber machte Lottely einen Finger gegen Flametti und drohte klug: »Du, du!« schlug mit dem Suppenlöffel auf den Tisch, daß die Körner der Reissuppe spritzten; schnellte sich in unbewachten Momenten mit beiden schmutzigen Schuhchen auf dem gebürsteten Plüschsofa, hopsend und krähend; warf die große steinerne Vase mit dem imprägnierten Binsenstrauß um, hinter der Tür; heulte und quäkte.

Mutter und Tante aßen ruhig weiter, in wetteiferndem Tempo, unbekümmert, sachlich, eilig, wie Harpyen, deren Geschäft es ist, möglichst viel Fraß zu schlucken und zu verdauen.

Flametti versuchte die Lücken in seinem Ensemble auszufüllen und eine Geigerin kam ins Haus, eines Tags, um Probe zu spielen.

Leider: sie war nicht geschaffen fürs rauhe Leben. Von einer gottergebenen Friedlichkeit war sie und Naivität. Hatte bis dato ihr Brot verdient durch Aufspielen von Kinderstücken in den Kneipen und Spelunken der Fuchsweide.

Erst war sie mit dem Zitherkasten gegangen, allabendlich. Dann hatte sie das Violinspielen gelernt.

Bleichsüchtig und hager, von einer rührenden Gottseligkeit war sie. Sie säen nicht, sie ernten nicht, und doch ernähret sie der Herr.

Manch einer hatte sie mitgenommen aus Mitleid und ihr ein warmes Nachtlager gegeben, wenn sie noch spät nach der Polizeistunde auf der Straße irrte.

Engbrüstig und schmal war sie von Gestalt, ein Lehrerinnentyp.

Einen Kneifer trug sie und strich mit dem Fiedelbogen so ausdruckslos freundlich und doch akkurat und energisch ihr Instrument, daß man ihr wirklich nicht böse sein konnte.

»Soll ich mal was spielen?« fragte sie harmlos.

»Ja, fiedel mal los!« sagte Raffaëla.

Aber die Geigen-Marie genierte sich.

»Draußen in der Küche«, sagte sie forsch.

Und sie ging hinaus in die Küche, öffnete den Schalter, damit man auch drinnen etwas hören könne, und dann spielte sie los. ›Stille Nacht, heilige Nacht‹, oder ›Behüt' dich Gott, es wär' so schön gewesen‹, oder ›Die Rasenbank am Elterngrab‹.

Kam dann wieder herein und lächelte jeden einzeln der Reihe nach an, als wolle sie fragen: »Na, wie war's? Schön, nicht wahr?«

Aber Lydia meinte:

»Komm' mal her! Was hast du denn da für ein Fähnchen?« und zog ihr ein kleines Metallfähnchen aus dem Brustlatz.

Lydia war neugierig wie ein Tier; beschnupperte sie, federte sie ab.

Den Brustlatz knöpften sie ihr auf. Ihre Strumpfbänder sahen sie nach, den Stoff ihrer blauen Glockenhosen rieben sie zwischen den Fingern.

»Ja«, meinte Raffaëla bedenklich, »wenn du zu uns ins Ensemble willst, da mußt du vor allem gerade Beine haben und einen schönen Körper. Zeig' mal her!«

Und die Geigerin, immer freundlich lächelnd, ein Sonntagskind, zog sich aus und zeigte ihre Beine.

Raffaëla krähte vor Vergnügen.

»Ja, das ist ganz gut«, sagte sie, »bißchen mager, aber es geht schon. Kannst du auch tanzen?«

Nein, tanzen konnte sie nicht.

»Mußt du noch lernen. Eine Tänzerin brauchen wir. Fiedeln kannst du nebenbei.«

Marie war argwöhnisch geworden.

»Ihr macht Spaß mit mir!« sagte sie ein wenig rauh und erkältet.

»Nein, nein«, versicherte Raffaëla, »das ist bei uns anders als bei der Heilsarmee. Bei uns gibt es Kavaliere, Lebewelt. Da muß man herzeigen, was man zu bieten hat.«

Flametti fühlte sehr wohl, daß die Frivolität dieser Szene nur gegen ihn gerichtet war; daß man sich lustig machte.

Auf dem Sofa saß er, dunkel vor Wut und Scham, und biß sich die Lippen.

»Zieh' dich an!« sagte er zu der Geigerin. »Du spielst sehr gut. Mancher wär froh, wenn er so spielen könnte. Kannst heut' abend in die Vorstellung kommen und dir mal ansehen, was wir machen. Wenn du Lust hast, kannst du den Herrn Meyer begleiten zum Klavier.«

»Das ist wohl zu schwer«, meinte Marie.

»Ja, dann ist nichts zu machen«, bedauerte Flametti, »dann kann ich nicht helfen.«

»Tut nichts«, lächelte die Geigerin, »dann geh' ich wieder in die Wirtschaften und spiel' auf.«

Und sie packte sorgfältig ihre Geige ein.

Einige Tage später, als Flametti die Gagen auszahlen wollte, entdeckte er zu seinem Schreck, daß Quittungen über à conti, die er an Raffaëla, Lydia und Bobby ausgezahlt zu haben genau sich erinnerte, aus seinem Quittungsblock verschwunden waren.

81

Herausgerissen waren drei Formulare mit einer Dreistigkeit und Gewalt, daß an der Perforiernaht die Fetzen noch hingen.

»Das ist doch die Höhe!« rief Jenny, ganz in Raffaëlas Weise, »das ist doch die Höhe! Max, du zahlst ihnen nichts aus, bis sie die Quittungen wieder beigeschafft haben. Du zeigst sie an. Das ist Einbruch. Sie haben die Tischschublade aufgebrochen. Sie wollen den Verdacht auf den kleinen Bobby lenken. Sie haben einen Dietrich gehabt. Das sind Verbrecher. Das läßt du dir nicht bieten!«

Aber Flametti lächelte, bitter und verlegen: »Wer kann's ihnen beweisen? Die Quittungen sind fort. Ein Eßtisch ist kein Kassenschrank. Vielleicht hatte ich nicht abgeschlossen. Vielleicht hab' ich selbst die Blätter in der Aufregung herausgerissen. Laß nur! Die paar Franken tun's auch nicht!«

Und er zahlte die vollen Beträge aus.

Am Abend aber, in der Garderobe, als er sich Maske schminkte und mit der Soubrette allein war, drängte es ihn doch, sich auszusprechen.

»Wissen Sie, Laura, es liegt mir ja nichts an den paar Franken. Aber das hätte ich doch nicht geglaubt von den Weibern.«

Fräulein Laura saß vor dem langen Schminktisch, auf dem die Schminkschatullen der Damen standen und tupfte sich mit der Puderquaste die Nase.

Flametti, stehend, Laura den Rücken zugekehrt, zog sich, ein wenig unbeholfen, Indianerfalten zwischen Nasenflügel und Oberlippe.

Von unten hörte man Herrn Meyer das Zwischenstück, den Missouri-Step, spielen.

Flametti kam auf seinen Prozeß zu sprechen.

»Wissen Sie«, meinte er seitwärts durch die gelüpfte Oberlippe, »das ist ja ganz anders, als die alle glauben. Das weiß ja meine Alte selbst nicht.«

Fräulein Laura malte sich mit dem Augenstift japanische Monde.

»Mit der Traute, das stimmt. Aber mit der Güssy – schon in Bern – das war ein Gewaltsakt. Wenn man dahinterkommt, geht's mir nicht gut.«

Für einen Moment verstummte unten im Saal Herrn Meyers Missouri-Step.

Laura sprang auf und horchte über das Teppengeländer hinunter.

»Haben noch Zeit!« meinte Flametti.

Und Herr Meyer legte auch sofort mit der Wiederholung los.

Fräulein Laura eilte zurück zur Schminkschatulle.

Flametti warf seinen Häuptlingsrock über den Kopf.

»Jenny versucht ja alles. Sie schafft Geld und sie hat sich ihre Aussage so zurechtgelegt, das man den beiden nicht glauben wird ... Wenn der Schwindel glückt ...!«

Er selbst schien nur halb dran zu glauben. Trotzdem konnte er sich nicht verkneifen, ein wenig zu renommieren. Im Indianerkostüm ging's wohl nicht anders.

»Man kennt mich zu gut! Weiß, daß ich ein Gewaltsmensch bin; wen man vor sich hat, und daß es nicht so glatt abgeht, wenn man mir an den Kragen will!«

Er stellte sich, in Unterhosen, den Speer zurecht.

»Achtzehn war ich alt, – in Bern, mit ein paar Kollegen –, einen ganzen Schlag haben wir in die Aare geschaufelt bei Nachtzeit, das Fundament weggegraben. Die ganze Bescherung mitsamt den Weibern fiel in die Aare ....«

Er sah sich vorsichtig um, ob es auch keinen Zeugen gäbe, und lachte belustigt.

»Das war ein Gezeter! Das hätten Sie hören sollen!«

Schlüpfte in die Fransenhosen und schlenkerte das Bein.

Die Soubrette wandte aufhorchend den Kopf. Als die Erzählung aber nicht weiter ging, komplizenhaft und verkniffen:

»Diese Mädel, natürlich! Unschuldig sind die auch nicht!«

»Ob die unschuldig sind!« blies Flametti durch die Nüstern und langte sich den Kitt für die Nase. »Ich soll die Weiber nicht kennen! Mir muß man's sagen!«

»Na also!« meinte die Soubrette und beeilte sich, fertig zu werden. »Wenn sich ein Mann in den besten Jahren ein Mädel greift...«

Und ordnete ihre Turnüre.

Drunten im Lokal widerholte Herr Meyer zum zweiten Male den Mittelsatz des Missouri-Step.

Flametti setzte den Kopfputz auf, strich sich mit beiden Händen über den Perückenansatz.

»Das ist es ja nicht!« zwinkerte er, »sie hat geschrien. Sie hat sich gewehrt. Und gerade das hat mich gereizt, verstehen Sie?«

Er drückte sich den Indianerkitt auf die Nasenkante.

Die Soubrette verstand. Und nickte bedenklich.

»Haben Sie einen Anwalt?«

»Selbstverständlich!« lächelte Flametti in aller Seelenruhe aus der Kniebeuge; er mußte sich bücken, um in den Spiegel sehen zu können.

»Na also!« griff die Soubrette rasch noch einmal zum Spiegel, »was kann da geschehen?«

Von unten ertönte das Klingelzeichen.

Die ›Indianer‹ zogen nicht mehr. Das Publikum war wie verändert. Was ihm früher als ein Exzess von Libertinage erschienen war, hielt es jetzt für Zynismus.

Wie doch? Dieser Flametti, der allen Grund hatte, sich zu ducken, der solche Sachen auf dem Kerbholz hatte, setzte sich über die einfachsten Anstandsregeln hinweg? Spielte die ›Indianer‹ und machte sich lustig? Was für eine sittliche Verrohung in dem Menschen! Was für eine unerhörte Mißachtung der Rücksichten auf die Gesellschaft! Soviel Taktgefühl mußte man haben, einzusehen, daß die Aufführung dieser ›Indianer‹ unter sotanen Umständen kompromittabel war für die ganze moralische Tradition der Fuchsweide! Nein, nein, das ist Freibeuterei, das ist Lästerung. So sind wir nicht. Da tun wir nicht mit. Man verschone uns!

Flametti fühlte wohl, daß man sich zurückzog von ihm, daß er umsonst sein Talent ausspielte. Es verfing nicht mehr. Die russischen Freunde Fräulein Lauras waren die einzigen Gäste, die noch immer klatschten, wenn er mit Augen, blutunterlaufen vor ästhetischer Anstrengung, auf der Bühne lächelnd seine Feuer-und Fakirnummer absolvierte; die ihn einluden, Platz zu nehmen, wenn die Nummer vorbei war und er, an ihrem Tisch stehend, mit souverän-salopper Indifferenz von seinem speckigen Gehrockkragen die verirrten Spritzer des Petroleums wischte, das er in langen, brausenden Flammen, einem Höllenfürsten vergleichbar, ausgespuckt hatte.

Seine Feuernummer liebte Flametti abgöttisch. Ein Pyromante und Sadist war er von Natur. Und wenn er, ein wenig angetrunken, oder berauscht von Opium, darauf verzichtete, das Petroleum, das ihm vom Mund tropfte, abzuwischen, dann schimmerten seine wulstigen Lippen in jenem bläulichen Fäulnisschein, der gemischt mit Trauer und Melancholie, jenen Sendboten der Hölle eignet, die in Wahrheit Zeloten des Edelsinns und Verdammte der himmlischen Bourgeoisie sind.

Der Polizeihauptmann Schumm schickte seine Kommissare immer häufiger um Auskünfte, Recherchen und Feststellungen.

Flametti, an unbehelligte Freiheit gewöhnt, riß die Geduld.

Er empfand die Besuche als Verletzungen seines Hausrechts, Eingriffe in seine Familienehre. Das Mißtrauen der Polizei kränkte ihn.

»Sie kujonieren mich! Sie kuranzen mich!« schrie er im Jähzorn. »Ich schlag sie tot, diese Hunde! Das ist mir zu viel!«

Und er beschloß, ihnen aufzulauern, im Hausflur, und den ersten besten, der seine Schwelle übertreten würde, zu erschlagen.

Mit einem kopfgroßen Pflasterstein bewaffnete sich Flametti, um dem ersten besten, der sich blicken ließe, den Schädel zu zertrümmern.

Und als man ihm sagte: »Flametti, die Polizei kommt!« eilte er in die Küche, trotz Jennys Geschrei, packte den Stein und lief die Treppe hinunter.

Jenny stand oben am Treppengeländer, entsetzt, einer Ohnmacht nahe, und hielt sich mit beiden Händen die Ohren zu. Mutter Dudlinger schnaubte und bebte.

Aber es war nur ein Gast Mutter Dudlingers, den Flametti, am Kragen gepackt, in den Hausflur schleppte. Ein Mißverständnis, ein Irrtum. Die Verwechslung klärte sich auf.

Mutter Dudlinger stand lächelnd, mit brennender Kerze. Jenny atmete auf: »Ach, Max, hast du mir einen Schreck eingejagt!«

Mutter Dudlinger spendierte zwei Flaschen Asti und man saß oben in Flamettis Stube, zu vieren, und feierte Bruderschaft.

Ein alter, eidgenössischer Burschenschaftler war jener Gast, gemütlich, breit, keine Spur von Spitzel oder Detektiv; das Gegenteil davon: ein weinseliger Zecher mit Riesenbizeps und Goliathstirn.

Auf streifte er seinen Hemdärmel, ballte die Faust, eine Seele von Mensch, und ließ den Muskel schwellen.

Flametti tat das gleiche. So saß man sich gegenüber auf dem Kanapee und sah sich voll trunkener Sympathie tief in die Augen.

Anstieß jener, daß der Wein überschwappte und rief mit völkischer Urwüchsigkeit: »Prosit Flametti!«

Mutter Dudlinger aber, die ihn liebte in ihrer Seele, setzte sich auf seinen Schoß, brünstigen Gemütes, und umhalste ihn. Und ihr Speck hing über seine breiten Schenkel in vollen Schwaden.

›Wer nicht liebt Wein, Weib, Gesang,
Der bleibt ein Tropf sein Leben lang.‹

Jenny war keineswegs gewillt, die Dinge gehen zu lassen, wie sie gingen.

Sie beschloß, strengere Saiten aufzuziehen dem Ensemble gegenüber und auch zu Hause; Contenance zu bewahren. Ihre Maßnahmen richteten sich zunächst gegen Fräulein Theres.

Fräulein Theres mit ihren gichtbrüchigen Händen und erfrorenen Füßen litt unter der Kälte furchtbar.

Schon als die Herrschaft in Basel war, saß Fräulein Theres in stillen Stunden weinend in der leeren Wohnung, für deren Heizung man ihr kein Geld schickte, und gedachte trauernd der Maienzeiten, da sie mit Löckchen und Stöckelschuhen noch ging auf der Neuhauserstraße zu München und selig verliebte Blicke den jungen Herren zuwarf.

Vierzig Jahre waren seither mit grauen Schleppen ins Land gegangen. Fräulein Theresens Gesicht war lang geworden, ihre Nase spitz, ihre Augen grell. Die Jahre, die so himmelblau und sommerlich begonnen, hatten sich verschwärzt.

Ein verschwärztes Mädchen, saß Fräulein Theres in der verlassenen Stube, wenn ihre Herrschaft zum Konzert gegangen war.

Eine Halbe Bier stand vor ihr auf dem Tisch und Fräulein Theres rauchte Stumpen, den Arm auf den Tisch gestützt, die müden Glieder nur mit Seufzen hebend, wenn das Gas heruntergebrannt war und man ein neues Zwanzigcentimes-Stück in den Automaten werfen mußte.

Alle vierzig grauen Schleppen der vergangenen vierzig grauen Jahre schleppte Fräulein Theres mit in ihren Röcken. Und jetzt gönnte man ihr sogar das Bier nicht mehr und die Stumpen.

Eine Erbitterung überkam Fräulein Theres und sie beschloß, selbst wenn sie täglich ›geschumpfen‹ würde, ihren Gliedern eine strengere Leistung nicht mehr zuzumuten.

Was konnte geschehen? Mochte man sie wegschicken! Irgendeine Lebensfreude muß der Mensch haben. Die Zigaretten ihrer Jugend hatte sie sich abgewöhnt. Auf die Stumpen ihres Alters würde sie nicht verzichten. Nie und nimmer. Zuletzt blieb immer noch eine Freistelle im Spital oder in einem Siechenheim. Sie verdiente das. Sie hatte sich redlich geschunden.

Und wenn Jenny ihr dann vorhielt:

»Theres, wir müssen früher aufstehen! Theres, ich kann keine Bierschulden mehr für sie zahlen!« dann gab Fräulein Theres gleichgültig brummend und grob zur Antwort:

»Ja, dann müssen wir Kohlen haben, damit ich einheizen kann! Ja, dann kann ich's nicht mehr schaffen, ich bin krank!« und die roten Tränen rannen ihr über das alte, lange Gesicht.

»Max«, sagte Jenny, »das geht so nicht mehr. Die Haushaltung verschlampt mir.«

Der Prozeß war Jennys geringste Sorge. Das würde sich schon arrangieren lassen. Sie war der begründeten Meinung, daß in der Fuchsweide viel ärgere Sünder ungeschoren ihr Wesen trieben.

»Mach' dir keine Sorge!« sagte sie zu Max, »der Ferrero hat ganz andere Sachen hinter sich. Und der Pfäffer – was der für eine Wirtschaft hatte! Ich weiß doch! Ich war doch Soubrette bei ihm! Die reine Haremsagentur nach Konstantinopel. Das sind ja Falschspieler alle durch die Bank! Seine Lehrmädels müssen mit den Metzgerburschen anbändeln, damit er das Fleisch gratis hat. Das sag' ich dir: wenn wir reinfallen: die ganze Fuchsweide lasse ich hochgehen!«

Behaupten mußte man sich, Respekt und Vertrauen einflößen. Zu Hause und im Ensemble. Dann würde man vor Gericht schon sehen!

Und Jenny legte sich einen Bluff zurecht, der zunächst das Vertrauen der Zirkusartisten wieder gewinnen sollte, und der auch seine Wirkung nicht verfehlte.

»Kinder!« verkündigte sie eines Tags in der Garderobe, »nächstens gibt's eine Gans! Mein Alter spendiert eine Gans!«

Das wirkte wie eine Brandbombe.

»Eine Gans?« fuhren Lydia und Raffaëla zugleich auf ihren Stühlen herum, als hätten sie nicht recht gehört.

»Ja, eine Gans!« versetzte Jenny mit Zier und äußerster Delikatesse, »eine Gans!« und sie unterstrich den in Aussicht stehenden Braten, indem sie mit beiden emporgehobenen Händen durch Zusammenründen von Daumen und Zeigefinger Engelsflügel in der Luft bildete. »Piekfeine Sache! Oh, das Gänsefett! Das Kastanienfüllsel! Oh, die knusprigen Schlegel, und Brust und die Gänseleberpastete!«

Jenny wußte die Vorzüge der vorläufig noch in ihrem Heimatsort weidenden Gans so jesuitisch ins Licht zu setzen, daß Lydia, die gerade die tränenbenetzte Photographie ihres Emil am rechten Schenkel der übereinander geschlagenen Beine abgewischt hatte, den Arm sinken ließ und träumerisch verzückt an Jennys Augen hing.

»Nein, Jenny, sag' wirklich, gibt's eine Gans?«

»Werdet schon sehen!« tat Jenny geheimnisvoll.

Da konnte man denn so recht sehen, wie solche Bravourstücke einer auf's Ganze gerichteten Erfindungsgabe niemals ihre gute Wirkung verfehlen.

Gebändigt waren Lydia und Raffaëla mit einem Schlage. Um den Finger konnte man sie wickeln. Pünktlich wurden sie wie Normaluhren. Zahm wie Tauben.

Ja, der Ruf von Flamettis Solvenz verbreitete sich im Handumdrehn.

»Wie sind Sie eigentlich zufrieden mit Ihrem Engagement?«

»Oh, danke, sehr gut! Verpflegung vorzüglich. Alle drei Tage Geflügel. Das Geschäft geht famos. Heute ausnahmsweise schlechtes Haus. Aber sonst: glänzend!«

So und ähnlich sprach man im ›Krokodil‹ und in der Umgebung des Künstlertischs.

Ja, Donna Maria Josefa, alias Frau Scheideisen, und Herr Farolyi erfuhren von der Gans.

»Na, steht's doch nicht schlecht mit dem armen Flametti!« meinte Herr Farolyi, »wenn er sich noch Geflügel leisten kann. Kinder, der hat gewiß Geld auf der Kasse. War ja ein Bombengeschäft damals, die ›Indianer‹!«

Und eines Tags kam sie denn auch wirklich, die Gans; aus Rapperswyl. Weiß, ohne Kopf, Klauen und Federn, lag sie auf einer Schüssel.

»Sehen Sie mal, Laura: schöne Gans, was? – Aber die kriegen nichts davon«, deutete Jenny gegen die Treppe, über die Lydia und Raffaëla kommen mußten. »Die sollen sich mal trompieren!«

Und die schöne Gans, die fette Gans, die Riesengans wurde gebraten und lag nun hübsch gebräunt und knusperig, förmlich zerblätternd vor Knusprigkeit, auf derselben Schüssel, verschlossen im Büfett.

»Laura«, sagte Jenny abermals, »glauben Sie, die kriegen was davon?« Und zeigte wiederum zur Treppe. »Nicht das Schwarze unterm Nagel! Geben Sie acht, was die für Gesichter machen werden! Das wird ein Fez! Jawohl: Gans! Husten werd' ich ihnen was!«

85

Als aber Raffaëla und Lydia kamen, öffnete Jenny das Büfett wie man das Triptychon eines Altars öffnet.

»Seht her«, sagte sie, »die herrliche Gans!« Und sie nahm die Schüssel aus dem Schrank und hob sie hoch, wie Salome die Schüssel mit dem Haupt des Jochanaan hochhob, und Raffaëla schrie auf:

»Aehhh, die Gans!«

Fanatisiert und rabiat warf sie die beiden Arme hoch, auf die Schüssel zustürzend und sie umtanzend.

Lydia aber überkam es wie Verklärung. In den nächsten besten Stuhl sank sie.

»Die schöne Gans!« hauchte sie, ganz versunken und verträumt, mit gefalteten Händen und gottergebenen Augen. »Wann wird sie gegessen?« Und ihr Unterkiefer bebberte gierig und erregt, wie einer Katze das Maul zittert, wenn sie den Kanarienvogel sieht.

Jenny weidete sich an der Qual der Opfer.

Mit der einen freien Hand hielt sie sich Raffaëla vom Leib, die alle Anstalten machte, in den Besitz der Gans zu kommen.

»Wann wird sie gegessen? Wann wird sie verzehrt? Wann wird sie verspeist?« rief nun auch Raffaëla.

Lydia saß noch immer mit funkelnd hingegebenen Augen.

Und Jenny, amüsiert, grausam, pervers:

»Vielleicht morgen. Vielleicht übermorgen. Vielleicht schon heute nacht. Je nachdem!«

»Wieso heute nacht?« dehnte Raffaëla betroffen.

»Nun«, sagte Jenny, ganz grande dame, »vielleicht kommen ein paar Freunde von mir und meinem Mann, und wir feiern einen kleinen Abschied.«

»Aehhh!« rief Raffaëla, »wir kommen auch! Wir kommen auch!«

Aber Lydia war schon wieder sentimental geworden. Emils gedachte sie beim Anblick der Gans, dieses Wahrzeichens von Kultur und Wohlstand, dieses Inbegriffs aller heimischen Geborgenheit und ehelichen Einfalt. Ihres fernen Emils gedachte sie und glücklicherer, vergangener Zeiten. Salzige Tränen rannen ihr über die schlaff geweinten Wangen...

Gelang es Jenny auf diese Weise, den am Verfall sich mästenden Zynismus der beiden Scheideisen zu knebeln, so sah sie doch ein, daß damit nur die Hälfte der Arbeit geleistet war.

Gefährlicher drohten die stilleren Elemente des Ensembles: Herr Meyer, dieser Idealist, dem es nicht paßte, daß Flamettis Flagge auf Halbmast wehte; der sich ganz persönlich betroffen fühlte von Flamettis Fehltritt und seinem Verzicht auf ein erstklassiges Renomée.

Fräulein Laura, die gewiß an dem Meyer schürte, weil es sie juckte, selbst die Direktorin zu spielen, an der Kasse zu sitzen und das Geld einzuheimsen, statt mit der Kassiermuschel durch das Lokal zu tippeln.

Jenny entging nicht die heimliche Verschwörung, die man im ›Krokodilen‹ geschmiedet hatte.

Freilich mußte der Meyer sich einbilden, er könne so gut wie Flametti ein Varieté aufmachen. Was war leichter als das?

Freilich glaubte diese Laura, sie kenne den verstohlensten Geschäftskniff, weil es ihr gelungen war, Jenny den Seidel & Sohn auszuspannen.

Aber sie sollten sich verrechnet haben.

»Bis hierher und nicht weiter«, sagte sich Jenny. »Wenn sie weggehen, sind wir pleite.«

Max, dieser gutmütige Taps, merkte ja nichts! Wenn sie, Jenny, nur ein Wort gegen diesen Meyer sagte, fuhr er sie an wie ein böses Tier. Auf den Meyer ließ er nichts kommen.

Sorgfältig ging Jenny zu Werk.

Zunächst ›kaufte‹ sie sich den Engel.

Nachdem sie ihm verschiedentlich Zigaretten und Biermarken zugesteckt hatte, fragte sie ihn eines Abends geradezu:

»Du, Engel, sag' mal, was ist das eigentlich mit dem Ensemble, das der Meyer vorhat? Brauchst dich nicht zu genieren. Kannst es frei heraussagen.«

Engel wurde sehr verlegen.

»Was weiß ich von einem Ensemble!« stotterte er. »Da weiß ich nichts von.« Und harmlos: »Das Apachenstück haben wir zusammen geschrieben, Herr Meyer und ich ...«

»Mach' mir nichts vor!« unterbrach Jenny ihn streng. »Das haben wir nicht verdient um dich, daß du uns jetzt so kommst. Du wirst dich wohl erinnern, was du uns alles verdankst. Immer ist man dagewesen für dich. Nichts hat man auf dich kommen lassen. Du wirst dich wohl erinnern, wie du zu uns kamst, abgerissen und ausgehungert. Du wirst wohl wissen, daß Max dich in der Hand hat. Brauchst bloß an die Annie zu denken. Na, davon spricht man nicht.«

Engel wurde noch verlegener. Die Szene war peinlich. Er rückte den Stuhl hin und her, den er oben an der Lehne gefaßt hielt, ließ ihn tanzen auf dem einen Hinterbein.

»Jenny«, sagte er mit dem ratlosen Achselzucken eines gealterten Barons, den die leidenschaftlichen Regungen einer früheren Geliebten bis in die Retirade seines Landschlößchens verfolgen, »Jenny, ich kann nicht ..., ich weiß nicht ..., ich hab' dir nichts zu sagen ..., ich weiß nicht, was ich dir sagen soll ...« Doch sich erinnernd: »Ja, gewiß: es war wohl die Rede davon ...«

Er räusperte sich. »Ja, ganz richtig! Aber du weißt doch Bescheid! Du kennst doch den Meyer! Bißchen litti titti!«

Als aber Jenny kurz abschnitt: »Na, schon gut! Laß nur!«, da nahm er das für ein Zeichen ihrer gekränkten Mädchenwürde, und bemühte sich, zart abzuschließen:

»Mir könnt' es ja gleich sein! Was hab' ich davon? Ich hab' ja abgedankt! Mir ist alles gleich!«

»Gut, gut!« sagte Jenny, »streng' dich nicht an! Ich weiß schon Bescheid!«

»Lena«, sagte Jenny zu der früheren Pianistin, als die einmal wieder zu Besuch kam, »du kommst gerade recht. Jeden Moment kann die Soubrette kommen. Die wollen doch weg von uns. Der Meyer will eine eigene Truppe machen. Du sollst mal sehen, wie ich die ins Gebet nehme!«

»Wollte dir nur sagen«, dienerte Lena, »daß ich die zwei Unterschriften mitgebracht habe. Schon besorgt. Hier ist die eine, von meinem Mann; hier die andere, von dem Leinvogel.«

Sie entfaltete zwei Papiere, breitete sie auf den Tisch, plättete sie mit der Hand, und sah Jenny aus fallsüchtigen Fanatikeraugen abwartend an.

»Laß mal sehen!« sagte Jenny. Sie las. »Gut, gut. Hast du gut gemacht. Sollst du nicht umsonst getan haben. Komm', trink' ne Tasse Kaffee!« Und sie goß Kaffee ein.

Es klopfte. Herein trat die Soubrette.

»Tag, Laura!« sagte Jenny.

»Tag, Fräulein!« sagte Lena versteckt.

Laura trug eine schwarze Bolerojacke aus Samt, Geschenk ihrer russischen Freundin, und eine grüne Strickmütze, von der ihr kurzgeschnittenes, struppiges Blondhaar vorteilhaft abstach. Sie wollte Einkäufe machen, Meyer treffen, und für Jenny verschiedenes mitbesorgen.

Die beiden Weiber musterten sie nicht ohne Schadenfreude und Neid.

»Setzen Sie sich, Laura! Trinken Sie doch 'ne Tasse Kaffee mit!«

Fräulein Laura wurde ein wenig ängstlich.

»Eigentlich habe ich Eile«, meinte sie.

»Na, setzen Sie sich nur!« sprach Jenny ihr zu, »behalten Sie Ihr Jackett nur an!«

Fräulein Laura setzte sich und Jenny beeilte sich einzugießen.

»Wir sprachen gerade von unsrem Prozeß«, begann Jenny. Sie wußte, daß es zunächst darauf ankam, der Soubrette das Heikle der Situation Flamettis auszureden.

»Ja, wir haben gerade vom Prozeß gesprochen. Jetzt ist es aus mit der Güssy, aus mit der Traute. Jetzt können sie einpacken, die beiden. Sehen sie her: da haben Sie's schwarz auf weiß!« Und sie zeigte Fräulein Laura die beiden Papiere, die Lena mitgebracht hatte.

Lena lächelte.

Die Soubrette nahm einen Schluck Kaffee, schob ihre Mütze ein wenig zurück und las. Aber dann lächelte auch sie, nicht unhöflich, nur etwas ironisch und gab die Papiere zurück.

»Glauben Sie, daß das etwas nützen wird?« fragte sie maliziös. Die Wahrheit der hier verbrieften Aussagen ging ihr nicht ohne weiteres ein. Auch schien sie Zweifel zu leiden am notariellen Kredit der unterschriebnen Persönlichkeiten. Lenas Gemahl war eben aus dem Gefängnis entlassen, wo er für einen Wellblechdiebstahl zwei Monate Aufenthalt hatte. Der andere Herr, Herr Leinvogel war Laura nicht bekannt, aber eben deshalb wohl eine noch zweifelhaftere Notabilität.

Die beiden Herren versicherten an Eidesstatt, die Liebe der beiden Lehrmädchen Güssy und Traute zu der und der Zeit zu mehreren Malen besessen und käuflich erworben zu haben.

Jenny riß der Soubrette die beiden Papiere aus der Hand, faltete sie zusammen und lächelte: »Ob das wirken wird! Ob das nützt! Da hat man's ja schwarz auf weiß, was das für Dämchen waren! Und außerdem: fechte ich ihre Glaubwürdigkeit an.«

Der Soubrette gab's einen Ruck. Doch sie besann sich und parierte mit einem mitleidigen Achselzucken.

Lena war sichtlich überrascht.

»Was heißt anfechten?« nahm die Soubrette jetzt offen die Partei ihrer Kolleginnen.

»So?« schrie Jenny, aufgebracht durch die offensichtliche Renitenz. »Ich habe die Beweise!«

Und mit ausgestrecktem Arm in eine vage Richtung zeigend: »Die eine hat einen Meineid geleistet. Kann ich beweisen. In meiner eigenen Stube. Die andre hat eine ganze Wachtstube von Schutzleuten, denen sie Rippchen brachte – damals war sie noch Kellnerin – ins Krankenhaus gebracht und drei Jahre Arbeitshaus dafür abgesessen...!«

Und da sie merkte, das seien unwahrscheinliche Dinge, so fügte sie bei: »Von Rechts wegen hätte sie gar nicht auftreten dürfen. Aber was tut man nicht!«

Sie machte eine Pause, um Luft zu schnappen und die Wirkung abzuwarten.

Lena lächelte, ein Lachen, das etwa besagte: Siehst du wohl! Nimm dich in acht!

»Die sollen mir nur kommen!« fuhr Jenny gefährlich fort, »die sollen was erleben! Die haben's nötig, zur Polizei zu laufen! Von wegen Unbescholtenheit! Von wegen Mißhandlung!«

Sie war wütend. All ihr Bemühen, alle ihre plausiblen Gründe verfingen nicht. Ein neuer Beweis, daß Komplotte geschmiedet waren. Der Soubrette schien es durchaus gleichgültig, ob Flametti seinen Prozeß verlor oder gewann. Ja, sie schien bei Jennys heftigen Argumenten nur noch entschiedener abzurücken. Unerhört!

Und als Fräulein Laura jetzt mit einem energischen Ruck ihren Kaffee austrank und sich zu gehen anschickte, da fühlte Jenny nicht nur, daß der Anschlag mißglückt war, sondern daß jetzt alles auf dem Spiele stand.

Sie hatte dieser Person in fünf Minuten das ganze System ihrer Verteidigung aufgedeckt. Da es ihr nicht gelungen war, sie zu gewinnen, so konnte die Sache gefährlich werden. Der stärkste Trumpf mußte heran. Nichts durfte unversucht bleiben, die neue Truppe zu verhindern. Der offne Verrat an Flametti mußte die letzten Freunde noch gegen ihn bringen, alle Außenstehenden überzeugen. Das war gleichbedeutend mit dem Ruin.

»Wissen Sie, Laura«, begann Jenny von neuem, »– bleiben Sie doch noch 'nen Moment! – wissen Sie: schließlich ist's ja egal, ob wir den Prozeß gewinnen oder verlieren. Da bleiben noch allerhand Möglichkeiten. Wir brauchten uns nur zum Beispiel Pässe zu verschaffen nach Deutschland und die ›Indianer‹ für großes Varieté zu bearbeiten. Es ist ja borniert von uns, hier zu sitzen mit einem solchen Schlager! Deutschland wär' wie geschaffen dafür! Säcke voll Geld könnten wir machen. Aber das will mein Mann nicht. Im schlimmsten Fall und wenn alle Stricke reißen, wird er ein paar Tage eingesperrt. Aber dann sollen Sie mich mal kennen lernen!« Und sie tippte so erregt mit dem Zeigefinger auf den Tisch, daß die Tassen wackelten. »Dann sollen Sie mal sehen, wer ich bin!«

Laura stand unwillkürlich auf und zog sich, vor ihrem Stuhle stehend, ein wenig zurück gegen den Spiegelschrank.

»Soll das eine Drohung sein?« fragte sie nervös, und ihre unterstrichenen Wimpern flogen.

»Sie brauchen gar nicht so vornehm zu tun!« rief Jenny, mit einer Handbewegung, die die Zweideutigkeit der Soubrette sehr unzweideutig beschrieb. »Ich weiß Bescheid. Ich verstehe, was man mir gackst. Bin nicht auf den Kopf gefallen. Eine warme Tasse Kaffee im Leib: da gacksen sie alle! Von wegen Spionage: Sie werden sich wohl erinnern, wie Sie hier ankamen mit diesem Meyer! Daß Sie dabei nicht ganz sauber waren, haben Sie selbst gesagt. Man renommiert nicht mit solchen Dingen. Da wird schon was Wahres hinter gewesen sein. Und von wegen Sage-femme laufen! Man kennt das! Das läßt sich konstatieren!...«

»Unverschämtheit!« schrie die Soubrette. »Das ist eine maßlose Dreistigkeit! Was unterstehen Sie sich!«

Sie stand jetzt knapp vor dem Spiegelschrank, der ihre Erscheinung in merkwürdiger Weise verdoppelte. Ihr blondes Haar zischte. Ihr schmaler Körper krümmte sich vor Ekel und Abscheu.

»Ah, Sie haben's gar nicht nötig, sich aufzuregen! Man weiß Bescheid über Sie. Auch über Ihren Meyer! Lassen Sie nur gut sein!«

»Geh', Jenny, reg'dich doch nicht auf!« beruhigte Lena, »wir haben sie ja in der Hand! Wir wissen ja Bescheid!«

»Was wollen Sie von mir? Was können Sie mir nachsagen?« schluckte die Soubrette.

»Nun, Ihr Herr Meyer – erinnern Sie sich mal! – wo haben Sie denn gewohnt, bevor Sie zu Flametti kamen?«

Laura erinnerte sich wohl. Sie wurde merklich blaß und zitterte.

»Was geht Sie das an!« rief sie und fuhr sich mit der Hand an den Kopf.

»Oh, nichts! Mich geht das nichts an. Aber die Polizei vielleicht. Sie werden nicht vergessen haben, womit Sie damals Ihr Brot verdienten und was Ihr Herr Meyer dabei für eine Rolle spielte.«

»Ich reiße Ihnen die Haare aus, Sie Miststück!« schrie die Soubrette, packte jene Lena am Kragen und zerrte sie hin und her.

Jenny löste die beiden Damen.

»Na«, sagte sie abschließend, »Sie wissen Bescheid. Sie können sich ja nun überlegen, was Ihnen lieber ist. Wir zwingen Sie nicht. Es steht ganz bei Ihnen ... Sie brauchen mir auch keine Kommissionen zu besorgen. Danke schön! Tun Sie nur, was Sie nicht lassen können!«

»Gehen Sie nur zur Druckerei«, assistierte Lena, »lassen Sie Ihre Plakate drucken! Wir wissen schon, daß sie Plakate bestellt haben. Man hat nicht umsonst seine Freunde!«

»Plakate bestellt?« fragte Jenny, die davon nicht einmal wußte. »So so! Na, das muß ich doch Max erzählen!«

»Adieu!« rief Laura, »ich habe nichts mehr zu sagen« Und damit schlug sie die Türe zu.

»Alles nichts!« sagte Herr Meyer, als Laura ihn traf im ›Lohengrin‹, »wir müssen heraus aus dem Pfuhl. Kann alles nichts helfen. Wir haben sie ja in der Hand! Sie hat sich ja selbst verraten! Du brauchst dich nicht aufzuregen. Was kann sie wissen von uns?«

Und sie begaben sich selbander zur Druckerei, um nach dem Preis beschlossener Plakate zu fragen.

An der Ecke aber, beim Rudolf Mosse-Haus, kamen ihnen entgegen Güssy und Traute, sehr frisch, sehr wirsch und vertraut, mit roten Backen, in roten und braunen Strickjacketts.

»Ah, Laura! Ah, der Herr Meyer!« riefen sie schon von weitem, »wie geht's? Wie steht's? Könnt ihr uns nicht brauchen? Wir haben gehört, ihr macht eine Truppe!«

»Wo denkt ihr hin, eine Truppe!« warf Laura weit weg.

»Keine Spur!« bekräftigte Meyer.

»Fesch seht ihr aus! Geht euch gut, was?«

»Oh«, meinte Traute quick und bezüglich, »uns geht es gut«, und sie strich sich in der gewohnten Weise den Busen herunter, »wir finden schon, was wir brauchen.«

»Na, das ist recht!« meinte Herr Meyer praktisch. Und Fräulein Güssy versuchte, mit schweren Augen sich in ihn versenkend, seine Hand zu erreichen.

»Na, und was macht der Prozeß?«

»Oh«, schnalzte Traute, »er wird schon sehen, Flametti, was er angestellt hat! Er wird's schon erfahren! Und sie auch, diese Verbrechergustel! Denen wird man das Handwerk legen!«

Mehr schien sie für jetzt nicht sagen zu wollen, denn sie schwenkte sogleich über:

»Was macht denn der Bobby? Netter Kerl war er doch! Wie er sich ärgerte, daß ich's mit dem Flametti hatte! Immer wollte er Geld von mir haben. Und ich hatte doch selbst keins!«
»Oh, er hat sich getröstet!« meinte Laura. »Fünf andre seitdem!«
Herr Meyer wurde unruhig.
»Na, Adieu!« sagte Laura, »wir haben's eilig!«
»Adieu, adieu!« riefen die Mädels frisch.
Man hatte sich schon ein wenig entfernt von einan der, aber die Hand Fräulein Güssys ruhte noch immer in der des Herrn Meyer. Ihr langer Arm glich einer Rosengirlande, die sich am Kleid verhakt, wenn man vorübergeht.

Als Flametti diesen Abend zur Vorstellung kam, pfifferte er viel vor sich hin, wie es seine Gewohnheit war, wenn ihn Unangenehmes heftig beschäftigte.

Er zerbrach Zündhölzchen zwischen den Fingern, untersuchte die Leuchter am Klavier, untersuchte die Vorhangschnur, kratzte mit der Stiefelspitze an Papierschnitzeln, die auf dem Boden lagen, und ging auf und ab.

»Na, Herr Meyer, warum so ein finstres Gesicht?« meinte er unvermittelt zum Pianisten.

Der saß, die Beine übereinandergeschlagen, auf dem wackligen Klavierstuhl, blätterte in den Noten und nahm eine Zigarette, die Flametti leger spendierte.

»Ah, nichts!« versuchte Meyer zu lächeln, »kalt ist's!« und rieb sich die Hände.

Es war viertel nach acht. Langsam kamen die Gäste.

»Anfangen! Die Leute kommen! Vorspiel!«

Flametti machte Betrieb.

Und Herr Meyer begann ›Mysterious Rag‹, indem er mit krampfhaft erhobenen Adlerfängen, die Füße in die Pedale gestemmt, auf die Klaviatur loshackte.

An diesem Abend aber sagte Flametti in der Garderobe:

»Hören Sie mal, Laura, wie ist das eigentlich mit dem Ensemble, das Meyer plant? Man sagt mir da alles mögliche. Sie hätten sogar schon Plakate in Druck gegeben. Und Meyer hat mir bis jetzt noch kein Wort gesagt, daß ihr wegwollt. Ich habe bis jetzt keine Kündigung.«

Laura wurde verlegen. Flamettis Ton klang befremdet, aber nicht bitter.

»Ist er vielleicht nicht zufrieden mit seiner Gage? Steht ihr was aus? Seht ihr denn nicht, daß es unmöglich ist, mehr Gage zu zahlen? Sie sehen doch selbst am besten, wie das Geschäft geht. Ihr könnt's euch doch an den Fingern abzählen, was übrig bleibt! Zehn Leute ernähren – glauben Sie nicht, daß das einfach ist! Ich kann euch ja eine Kleinigkeit zulegen, ab fünfzehnten. Aber mehr kann ich nicht tun. Wenn Meyer will – ich mach' ihn zum Regisseur. Ich habe jetzt meinen Prozeß. Meyer ist tüchtig, Meyer ist still, Meyer ist anständig. Man hat Respekt vor ihm. Er kann mich vertreten. Vertrauensstellung. Vielleicht vergrößern wir, wenn erst der Prozeß vorbei ist, und teilen die Truppe. Er kann die eine Hälfte leiten, ich nehme die andre. Aber man muß sich doch aussprechen! Ich kann's ihm doch nicht am Gesicht ablesen! Tut doch den Mund auf, wenn ihr was zu sagen habt!«

Die Soubrette schwieg.

»Jenny hat mir erzählt. Sie wissen ja, ich liebe meine Frau. Sie übertreibt manchmal; das dürfen Sie nicht tragisch nehmen! Ich weiß ja nicht, was sie gesagt hat. Aber Herrgott! Wir sind doch alle Menschen! Man spricht sich aus. Man sagt sich auch einmal was ins Gesicht. Aber man rührt sich doch!«

»Nein, wissen Sie«, tischte Laura jetzt auf, »das war ein bißchen zuviel, heute nachmittag! Das kann ich mir denn doch nicht sagen lassen. Es ist ja lächerlich: sie tut ja, als hätte sie uns auf der Straße aufgelesen! Das geht zuweit. Das war eine Drohung. So kann sie mich nicht behandeln. Sie ist Ihre Frau – gut! Aber ich kann mich nicht ins Verhör nehmen lassen. Sie können sich nicht beklagen, daß ich meine Pflicht nicht getan habe, immer ...«

»Und Sie nicht, daß ich Ihnen nicht immer pünktlich die Gage zahlte; daß ich nichts auf euch kommen ließ! ...«

»Gewiß!« sagte Laura, »aber sie darf uns nicht mit Apachen verwechseln. Das sind wir nicht. Spionin soll ich sein ... und ... und ... von der Straße sprach sie ... und ... und Sage-femme und das ist mir zuviel! Das tu' ich nicht! Das kann sie dieser Lena sagen!«

»Na, Sie haben doch selbst erzählt, daß Sie Nacktphotographien von sich verkauft haben! Daß Sie sich haben photographieren lassen!« nahm Flametti abweisend, aber nicht unberührt, die Partei seiner Frau.

»Wen geht es was an?« zuckte die Soubrette und schluchzte.

»Wer hat mir was dreinzureden? Wenn ich mich ausbiete auf der Straße, wenn ich jede Nacht in einem andern HOTEL schlafe – wen geht es was an? Kümm're ich mich um andre? Mische ich mich in die Angelegenheiten der andern? Laufe ich zur Polizei, wenn man mir was anvertraut? Mir hat Ihre Frau das Zehnfache anvertraut! Was hat sie mir alles vertraut! Wollte ich's wissen? Hab' ich Gebrauch davon gemacht?«

»Na, das tun Sie ja auch wohl nicht!« begütigte Flametti und streichelte ihr Haar. »So weit kommt's ja wohl nicht! Eine Hand wäscht die andere. Ich hoffe ja, daß wir uns verstehen. Wir werden ja keinen Gebrauch davon machen. Und ich werde auch mit Jenny sprechen. Ist ja alles dummes Zeug! Ihr habt eine Zukunft bei uns. Sagen Sie das dem Meyer! Aber ich hasse dieses Hintenherum. Das ist Weibermanier. Ziehen Sie sich jetzt an und gehen Sie runter! Ich weiß schon, von wem all diese Dinge kommen. Ich werde dafür sorgen, daß das ein Ende hat.«

Und Laura wischte sich die Tränen und stieg, Rinnen im Schminkgesicht, die Hühnertreppe hinunter ins Lokal.

Am Klavier saß Meyer. Er hatte soeben sein Zwischenstück beendet und machte ein Gesicht wie der Teufel bei Regenwetter.

»Was hast du mit Flametti gehabt?« fuhr er die Braut an, »wie siehst du aus? Ihr wart allein in der Garderobe! Was habt ihr gehabt?«

»Nichts! Laß mich!«

Raffaëla und Lydia warfen sich bedeutungsvolle Blicke zu.

Bobby meinte ungerührt: »Ach, Laura, das muß man sich nicht so zu Herzen nehmen!« Zu gerne hätte er gewußt, worum es sich handelte.

An der Kasse saß Jenny, kalt und unnahbar, grande dame vom Scheitel bis zur Sohle.

Und Engel bediente ergebenst die Vorhangschnur....

»Kinder!« sagte Raffaëla nach der Vorstellung, »die Nacht, diese Nacht!«

Sie meinte die Nacht, in der die Gans verzehrt wurde.

»Das war ja toll! Das sind ja Falschspieler der schlimmsten Sorte! Vier Kerls waren da. Und Flametti war angetrunken. Sein ganzes Geld hat er verspielt! Und dann ging er auf seine Frau los: ›Du hast mich verraten! Du bist schuld an allem! Du hast mir das eingebrockt! Jetzt holst du mir noch deine Liebhaber ins Haus und lockst mir das letzte Geld aus der Ta sche!‹ .... Das war ja nicht mehr schön! Die Gans hatte Flametti gar nicht bezahlt! Die Kerls hatten sie bezahlt! Wie die gegessen haben, davon macht ihr euch keinen Begriff! Das ganze Geld haben sie ihm abgenommen, und dann brachten sie ihn ins Bett. Getobt hat er! Und gingen zu der Dudlinger hinunter, Jenny und die vier Brüder! Das ganze Haus stand auf dem Kopf!«

»Ja, wart ihr denn auch dabei?« fragte die Soubrette.

Lydia winkte ab. »Natürlich! Wir waren doch eingeladen! Aber für so was, nein, nein, dafür sind wir nicht zu haben! Wir gingen natürlich, als es mal drei Uhr war.«

»Ja, woher wißt ihr denn ...?«

»Aehh, diese Unschuld!« krähte Raffaëla, »so was sieht man doch! Man hat doch Augen im Kopf!«

»Ah, so!« entschuldigte sich die Soubrette ...

Der nächste Tag brachte jene Depression der Gefühle, die auf große Aufregungen zu folgen pflegt, aber auch jenen Niederschlag in Taten, der fruchtlose Debatten klärt.

Raffaëla und Lydia wurden, ohne viel Federlesens, ausgezahlt und entlassen.

Herrn Meyer und Fräulein Laura wurden neue Verträge unterbreitet, zu deren Akzeptierung und Ratifizierung Herr Meyer sich eine Bedenkzeit von drei Tagen erbat.

Die Gründe für die Entlassung der beiden Scheideisen lagen auf der Hand. Ihnen schob Flametti die Verhetzung des ganzen Ensembles zu. Von ihnen wollte Flametti nicht länger sich nasführen lassen.

Nachmittags aber, als man gerade beim Kaffeetisch saß, klopfte es an der Türe, behutsam und diskret.

Ein Detektiv stand draußen, wieder einmal. Alle schracken zusammen.

Flametti beeilte sich, den Herrn zu empfangen.

»Fräulein Laura«, kam er geschäftig zurück, »für Sie!«

»Für mich?« fuhr Laura zusammen.

»Ja, für Sie!«

Auch Meyer wurde unruhig, bemühte sich aber, Haltung zubewahren.

Laura ging hinaus und mit dem Herrn in die Küche, die nun einmal bestimmt schien, als Konferenzzimmer Tradition zu bekommen.

»Welcher ist es denn?« fragte Jenny.

»Der Puma«, sagte Flametti, ging auf den Zehenspitzen und biß sich die Lippen.

»Ach, der ist nett!« meinte Jenny konziliant. »Da ist es nichts Schlimmes.«

Alle, auch Fräulein Theres, die mißmutig den Gasherd abgestellt hatte, horchten bedrückt und gespannt.

Aus der Küche vernahm man das stöbernde Murmeln eines Verhörs.

»Pst!« machte Jenny und winkte nach rückwärts, »ich kann ja nichts hören!«

Sie stand am geschlossenen Schalter und versuchte, wenigstens ein paar Worte aufzuschnappen.

»Rezepte ... selbst geschrieben ... Basel ... Narkotika ...«

Man vernahm von draußen ein Räuspern. Mit einem kurzen Schritt trat Jenny vom Schalter weg.

Jemand polterte die Treppe hinunter.

Die Soubrette kam zurück, seltsam verdonnert und zerfedert, mit Gedanken und Blicken noch halb bei dem unten aus der Haustür tretenden Beamten.

»Ja, ja«, meinte Flametti.

»Was war denn?« interessierte sich Jenny.

»Nichts, nichts!« wehrte Laura ab.

Jenny fühlte sich verpflichtet, einige Ansichten über die Polizei im allgemeinen und die Detektivs im besonderen von sich zu geben.

»Hm, diese Kerls!« meinte sie, »nirgends ist man sicher vor ihnen! Max, sag', die müssen doch aus den hintersten Familien stammen!«

Ein wenig Sympathie und Besorgnis klang durch.

Max glaubte: Verachtung.

»Was willst du!« zuckte er die Achseln, »Beruf! Der eine verdient's mit Alteisen, der andre mit Varieté, der dritte mit dem Wolfshund.«

»Hm!« gab Jenny in backfischhafter Anwandlung zu bedenken, »immer so mit dem Wolfshund gehen!«

Flametti hielt's für ein Gruseln.

»Was denkst du!« zeigte er sein überlegenstes Indianerlächeln, »erst die amerikanischen Detektivs! Die amerikanischen Handfesseln, Schlagringe und Gummiknüppel!« und sah sich, Sympathie heischend, nach dem geschulten Herrn Meyer um.

Herr Meyer aber saß da mit der verdießlichsten Miene der Welt, die Augenlider krampfhaft hochgezogen, fadiert, gelangweilt, bar jeglicher Lust zu Disputationen.

Die Ereignisse folgten sich rasch, und von seiten der Hauptbeteiligten ohne nennenswerten Widerstand.

Flamettis Prozeß war jetzt auf den dreizehnten angesetzt.

Man spielte in den kleinen und kleinsten Kneipen. Das Ensemble hatte nach dem Austritt der Damen Scheideisen eine Ergänzung erfahren. Man richtete sich ein.

Die Soubrette trat zehnmal auf am Abend: fünf Soli, vier Ensembles, einmal als Rezitatorin. Sie sprach dann den ›Leutnant aus Zinn‹ und die ›Fremdenlegionäre‹.

Engel hatte sich durch freiwilligen Eintritt ins Krankenhaus einen glücklichen Übergang zu den ›Original- Ideal- Perplex- und Simplex-Mühlen‹ gesichert.

Bobby laborierte an einer Entzündung und die Bögen und Handstände fielen ihm schwer. Aber er schaffte es.

Herr Meyer seinerseits saß pünktlich um sechs allabends am Piano, um das wie Pleureusen die Tropfen von der Decke fielen. Die Portiere am Eingang – Türen gab es nicht – klatschte vereist an die Beine etwelcher zirkussüchtiger Gäste. Die Kalkwände der Garderoben blätterten ab. ›Frühling ist's, die Blumen blühen wieder‹ – selige Erinnerung.

Flametti und Jenny allein bewahrten Humor.

Zum Zeichen ihres absoluten unwandelbaren Einvernehmens sangen sie zusammen die ›Meistersinger von Berlin‹, ein revueartiges Duett, das unter ihrer scharf pointierten Interpretation sich als anmutigstes Duell, voller mondäner Anspielungen auf den laufenden Prozeß, präsentierte.

Der Detektiv von neulich wiederholte Besuch und Nachfrage. Und Fräulein Theres war ein zweites Mal gezwungen, den Gasherd abzudrehen und den Schauplatz ihrer klausurhaft verteidigten kulinarischen Manipulationen für ein Viertelstündchen zu verlassen.

Flametti wälzte im rastlosen Gehirn finanzielle Transaktionen.

Eine zweistündige Unterredung hatte er mit Madame Dudlinger, fruchtlosen Resultates. Eine dreistündige Unterredung mit Direktor Farolyi, dem Ungar, voller Elogen, Respekt und Meriten, aber ohne den rechten klingenden Ausgang. Die Säulen des Hauses Flametti wackelten.

Aufgestört, eine Wanderschwalbe, trat Fräulein Theres vor die Herrschaft, um ihre Kündigung vorzubringen.

»Frau«, sagte sie sitzig, »am fünfzehnten ist meine Zeit aus«, und kraulte sich mit der Haarnadel in der zerknäulten Frisur.

»Geh', Theres, was machen Sie da für Sachen?« suchte Jenny das Verhängnis aufzuhalten.

Aber Theres machte ein Gesicht, so diffizil und spitz, wie ein Moskito, dem ein Ausräucherungsdampf in die empfindliche Nase fuhr.

Nein, nein, sie hatte genug. Wenn man nicht einmal in der Küche seine Ruhe haben sollte – Verhörzimmer auf ihre alten Tage, Detektiv am Herd, am Spülstein, im Kohlenkasten ...»Nein nein, Frau«, sagte sie, gröber als sie es meinte und mit einer Art schluchzendem Humor, »ich will nicht auf meine alten Tage den Remis noch kriegen! Am fünfzehnten geh' ich.«

Umsonst versuchte Jenny, ihr den närrischen Einfall auszureden. Umsonst Flametti, ihr eine wärmere Küche, Stumpen auf die Stelle, und eine Flasche Bier vor die Phantasie zu rücken. Nichts mehr verfing. Theres blieb bei der Kündigung. Sie hatte ihre eigene moralische Ansicht von den bei Flametti eingerissenen Zuständen.

Gewiß, sie nahm die geschaßten Lehrmädel nicht in Schutz. Aber so behandelt man trotzdem nicht sein Dienstpersonal. Nein, nein! Fräulein Theres fühlte eine tiefe Solidarität. Nein, nein, so was rächt sich. Da machte sie nicht mit. Das konnte sie nicht gutheißen.

Und weiter: gewiß, der Herr war im Unrecht. So beleidigt man nicht eine Frau, die auf's Sach sieht und jede Nacht pflichtgetreu neben ihm lag; die sich hübsch machte für ihn und hinter den schlampeten Weibern herwar mit Ordnung und Zucht.

Aber die Frau: so behandelt man auch nicht einen Mann, der mal einen Fehltritt beging. Man läßt nicht gleich vier Kerle zu sich kommen, setzt ihnen Gänsebrust vor und läßt seinem eigenen Gatten das Geld abnehmen.

Nein, nein, da tat Theres nicht mehr mit. Das war nichts für ihre alten Tage. Mochte man lachen über sie, mochte man sie für altmodisch halten. Sie tat nicht mehr mit, verstand diese neue Welt nicht mehr, gab sich auch keine Mühe mehr, sie zu verstehen. Sie legte den Schürhaken hin und ging.

Jetzt faßte auch Herr Meyer seinen Entschluß, rücksichtslos und farusch. Den Einflüsterungen der Geschwister Scheideisen, dem Zureden Bobbys, den Vorstellungen der Braut widerstand er nicht länger.

Zwei Tage Bedenkzeit waren bereits verstrichen. Der Zeitpunkt war da. Jetzt mußte gehandelt werden.

Die Moralität obsiegte. Hundert Plakate kosteten achtzehn Franken. Das war zu erschwingen. In drei Tagen konnten sie fertig sein. Man war gefaßt auf alles.

›Raffaëla-Ensemble‹ sollte die Gründung heißen nach dem Namen der hervorragendsten Kraft. Raffaëla hatte Bekannte in Arbon am Bodensee. Dort würde man debütieren, auswärts sich die ersten Meriten holen. Noch mußte gesprochen werden mit Flametti.

Und Herr Meyer überwand ruckhaft die ihm angeborene Scheu und sagte beim Abendessen: »Sie, Herr Direktor, ich habe zu reden mit Ihnen.«

»Gehen wir rüber ins Café Lohengrin!«

»Gut!«

Und sie gingen ins Café Lohengrin und Flametti bestellte zwei helle Bier und Herrn Meyer klopfte das Herz.

»Also schießen Sie los!« sagte Flametti. Und Herr Meyer holte weit aus.

Mit den Zuständen vor Kriegsausbruch begann er, gab einen Inbegriff seiner Familie, kam dann auf seine Geburt zu sprechen, berührte kurz seine Konfirmation und das Knabenalter, schwenkte dann über zur Gymnasiastenzeit, immer das Typische unterstreichend.

Flametti sah ängstlich auf seine Uhr. Sieben Minuten vor acht. Um acht Uhr begann die Vorstellung.

»Kurz und gut?« fragte er und sah Meyer gespannt ins Gesicht.

»Wir wollen weg, wollen uns selbständig machen.«

»Also doch!« meinte Flametti, ein wenig betroffen.

»Ja«, sagte Meyer. »Ein gutes Einvernehmen besteht ja doch nicht mehr. Ihre Frau hat das zerstört. Laura hat die Affäre mit den Rezepten. Wir brauchen ein Attest für sie. Das kostet Geld. Ich brauche eine neue Hose, ein Paar neue Stiefel. Das Leben stellt Ansprüche. Kurzum: es geht nicht mehr.«

»Tun Sie, was Sie nicht lassen können«, sagte Flametti. »Sie müssen's am besten wissen. Ich will Ihrem Glück nicht im Wege stehen. Wenn Sie glauben...«

»Ich glaube!« sagte Meyer.

»Na, gehen wir zur Vorstellung!«

Und Flametti zahlte, auch für den neuen Herrn Direktor, der zu schüchtern war, ›Lina‹, ›Frieda‹, oder ›Kathrein‹ zu rufen.

Und Flametti sah, was da kommen würde, lächelte ironisch, und man ging.

Jenny hätten Sie sehen sollen an diesem Abend! Glacéhandschuhe zog sie, gewissermaßen, über die Zunge. So spitzig und kalt, so unnahbar verächtlich wußte sie sich zu benehmen, daß Meyer kaum wagte, sie anzusehen.

»Geh', Max, laß doch das Gesindel!« sagte sie mehr als halblaut, als Herr Meyer in den ›Indianern‹ danebengriff, und Flametti auf der Bühne einen cholerischen Anfall bekam vor Indignation.

»Laß sie doch gehen! Sie haben's ja nicht mehr nötig!«

Und als die Soubrette mit doppeltem Eifer nach der Kassiermuschel griff, um sich ins Publikum zu stürzen:

»Nein, lassen Sie nur! Ist nicht nötig. Rosa besorgt's schon.«

Und auch Rosa hob ihre Nase von Stunde an höher und Bobby überkam ein solcher Ärger darob, daß er sie am liebsten geohrfeigt hätte.

Der Zustand wurde unerträglich. Und es war deshalb eine Erlösung für beide Teile, als Fräulein Laura an einem der nächsten Abende gelegentlich der ›Commis voyageusen‹ auf dem kleinen viereckigen Podium der ›Drachenburg‹ ausglitt und mit dem Steißbein so unglücklich auf eine Stuhlkante aufstieß, daß man sie, stöhnend und ächzend, in die Garderobe und von dort mit einer heftigen Prellung nach Hause bringen mußte.

Eine alte Sympathie regte sich in Flametti und er war wirklich besorgt.

»Ach, Max«, hetzte Jenny, »gib's doch auf! Sie simuliert ja nur! Merkst du denn nichts?«

Jetzt war Laura entschlossen, keinen Schritt mehr in die Vorstellung zu gehen. Kontrakt hin, Kontrakt her!

Und Herr Meyer sagte:

»Die sollen uns kennen lernen!«

Und Bobby sagte:

»Geht's besser Laura?« und stand sehr besorgt am Bett.

Und Lydia und Raffaëla sagten:

»Den Doktor muß er bezahlen! Macht ihn doch schadensersatzpflichtig! Er muß euch Schmerzensgeld zahlen! So eine Gemeinheit!«

Und Lauras russische Freundin kam und sagte:

»Auf mich können Sie zählen. Ich bin immer da für Sie.«

Und Herr Meyer effektuierte mit Bobby zusammen mittels Kleister und Schnur die Bilderreklame für Arbon.

So war denn Flamettis Schicksal besiegelt.

Zwar sprang für Meyer in liebenswürdiger Weise Fräulein Lena als Pianistin ein. Und Fräulein Rosa rückte an Lauras Stelle. Und Lena meinte:

»Ich hab's euch ja gleich gesagt: sie führen etwas im Schilde!«

Aber das half nichts. Das Geschäft wurde noch schlechter. Die Beiseln, in denen man auftrat, noch kleiner, ja nuttig.

Flametti verhehlte es nicht, daß er blank, aller Hilfsmittel bar, in den Prozeß eintrat.

In erregten Ergüssen versuchte er brieflich dem Anwalt in Bern Standpunkt und Situation eindringlich zu erläutern.

Aber das Aktenmaterial wurde dadurch nur immer größer, das Plädoyer immer schwieriger.

Und als Flametti die Geduld riß und er ganz offen auf einer Postkarte vermerkte, der Herr Anwalt *wolle* ihn offenbar nicht verstehen, der Fall sei doch sonnenklar, da schrieb dieser chargé zurück, er bedaure unendlich, mitteilen zu müssen, daß ohne einen weiteren Vorschuß von hundert Franken die Sache zu einem guten Ende kaum werde geführt werden können.

Herr Farolyi gab den Rat, die Verteidigung doch selbst zu führen und auf den Advokaten überhaupt zu verzichten. Und auch Fräulein Lena erbot sich, für die sittliche Minderwertigkeit der Klägerinnen eine eidesstattliche Versicherung zu riskieren.

Aber Jenny wurde doch immer nervöser.

»Was machst du nun, Max?« fragte sie ernstlich besorgt, als Max von Farolyi zurückkam.

»Was mach' ich? Verteidige mich selbst.«

Und er nahm Feder und Papier zur Hand und begann die Verteidigungsschrift aufzusetzen. Die Feder spritzte und die Worte sträubten sich. Aber es ging.

›An den Herrn Präsidenten des Kantonalen Obergerichts, Bern‹. Da stand es. Das war die Instanz. Und Jenny bekam einen Schreck, als sie's so stehen sah.

Aber Flametti ließ sich nicht stören. Mit einer schier unpersönlichen Korrektheit entledigte er sich der schwierigen Arbeit.

Er brauchte sich nur in die disziplinarische Verfassung von damals zu versetzen, da er auf dem Kasernhof zum erstenmal den Befehl eines Vorgesetzten entgegennahm, und die Stilnuance war gefunden.

»Fertig, aus!« rief er, als er nach zweistündiger Arbeit unterschrieben und abgelöscht hatte. Er überlas das Ganze noch einmal von Datum bis Schlußpunkt und er war sehr zufrieden damit.

»So«, zog er findig die Stirn in Falten, »drehen wir die Geschichte mal um! Da schaut die Sache erheblich anders aus!«

Und er verlas es auch Jennymama. Die war baß erstaunt.

»Ja, meinst du denn, Max, sie lassen es gelten?«

»Frage!«

Er spuckte, steckte die Hände in beide Hosentaschen und nahm einen kleinen Abstand von seinem Elaborat.

»Hättest deutlicher sagen müssen, was das für zwei waren!« drängelte Jenny.

Max zündete großspurig eine Zigarre an.

»Was? Ist das nicht deutlich genug: ›Marktware der Wollust‹, ›der Perversion gefrönt‹, ›schon in den Kinderschuhen verdorben‹? *Ich* bin der Verführte, verstehst du? Angeboten haben sie sich. Gezwungen haben sie mich, direkt belästigt!«

Jenny war ganz verstört.

»Wenn es nur durchgeht, Max!«

»Frage!«

Sonntag, den zwölften, spielte man in der ›Jerichobinde‹ zum letztenmal die ›Indianer‹: Flametti, Jenny und Rosa.

›Und dort oben in dem ew'gen Jagdgebiet,
Singt der Indianer-Volk sein Siegeslied.
Einmal wieder zieh'n wir noch auf Siegespfad,
Einmal noch, wenn der Tag der Rache naht.‹

Dann fuhr Flametti nach Bern.

Mit dem Nachtzug.

Jenny und Rosa begleiteten ihn zur Bahn. Rosa trug das Handtäschchen.

»Viel Glück, Max, und schreib' gleich, wie's ausgig, damit man es weiß!«

»Wenn ich nicht schreibe, weißt du Bescheid!«

»Ach, Maxel, wie wird es dir gehen?«

»Wird schon alles gut gehen!« beruhigte er, und der Zug setzte sich in Bewegung....

Er schrieb nicht, wie es gegangen war.

Ein, zwei, drei Tage vergingen. Da las Jenny es in der Zeitung, in einem Café. Sie trug ihre beste Toilette.

Sie ließ sich ihren Schmerz nicht merken.

Gute Freunde lud sie zu sich ein, und so, in engstem Kreise, seufzend aufs Kanapee hingeschmiegt, suchte sie Trost und Vergessen.

Und nur den vereinten Bemühungen ihrer Freunde gelang es, ihr etwas Luft zu schaffen.

Herr Meyer aber ging pleite.

Printed in Poland
by Amazon Fulfillment
Poland Sp. z o.o., Wrocław